마인드맵으로 정리하는
한국사 독해

3 조선 전기

kids' SCHOLE

구성과 특징

 **역사 연표를 통해 한국사 흐름을 이해합니다.**

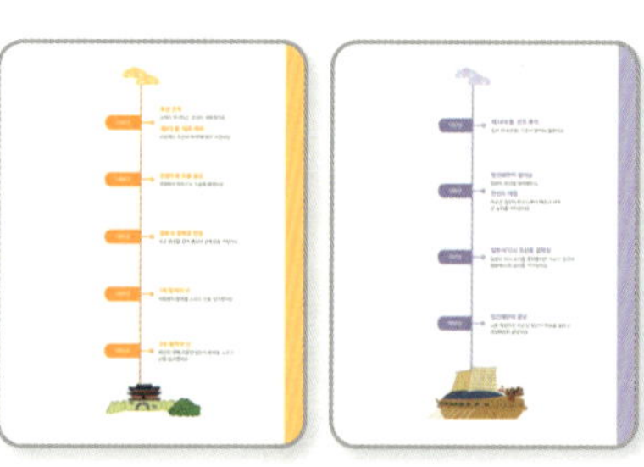

역사 연표

역사 연표를 보고 배울 내용을 먼저 확인합니다.

 **한국사 이야기를 읽고, 문제를 풀며 한국사를 이해합니다.**

꼼꼼하게 읽기

중요하다고 생각되는 문장과 단어에
표시를 하면서 이야기를 꼼꼼하게 읽습니다.

읽은 날

날짜를 쓰면서 스스로
학습 계획을 점검합니다.

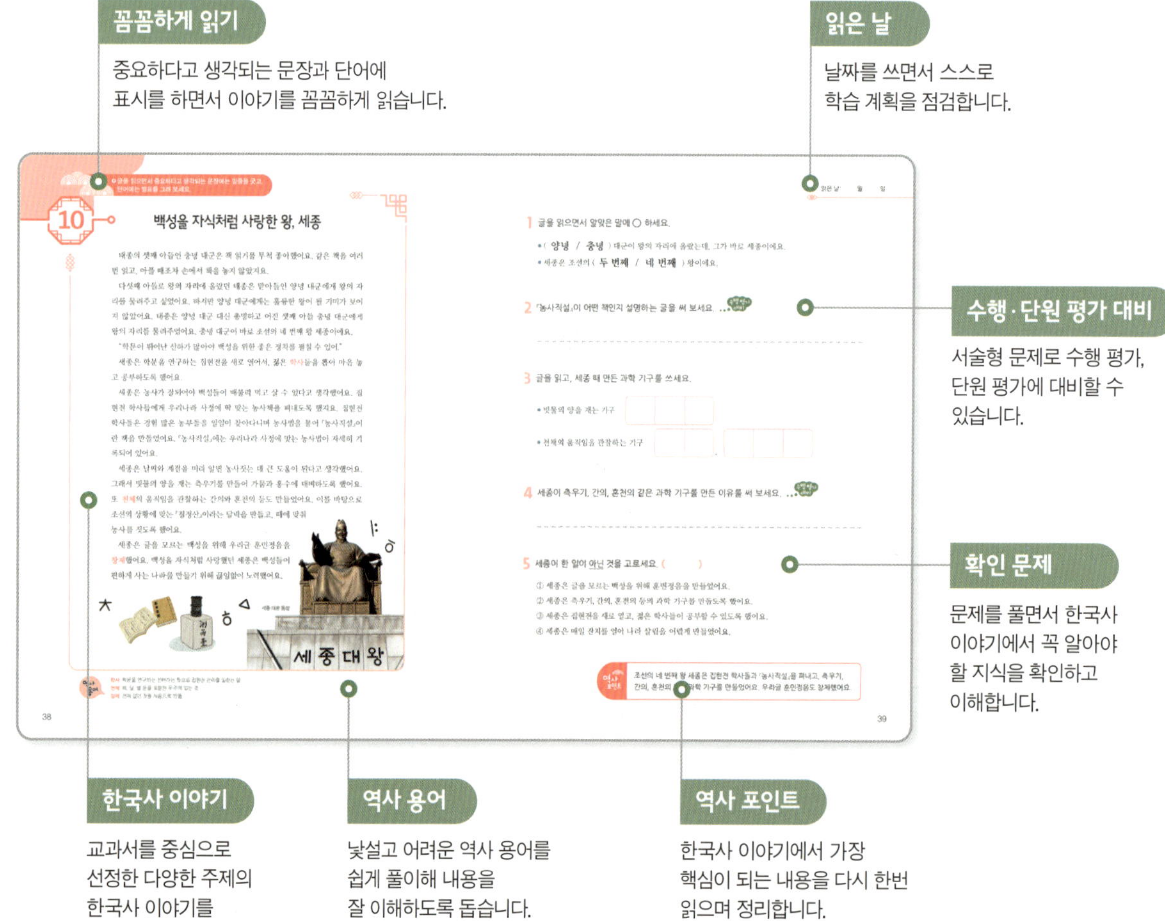

수행·단원 평가 대비

서술형 문제로 수행 평가,
단원 평가에 대비할 수
있습니다.

확인 문제

문제를 풀면서 한국사
이야기에서 꼭 알아야
할 지식을 확인하고
이해합니다.

한국사 이야기

교과서를 중심으로
선정한 다양한 주제의
한국사 이야기를
읽으며 지식을 쌓습니다.

역사 용어

낯설고 어려운 역사 용어를
쉽게 풀이해 내용을
잘 이해하도록 돕습니다.

역사 포인트

한국사 이야기에서 가장
핵심이 되는 내용을 다시 한번
읽으며 정리합니다.

역사가 보이는 유물 유적

유물과 유적을 생생한 사진과 함께 보면서
한국사에 대한 배경지식을 쌓습니다.

역사 퀴즈

글자 퍼즐, 사다리 타기, 초성 퀴즈 등 다양하고
재미있는 퀴즈를 풀면서 한국사에 흥미를 갖습니다.

역사 마인드맵

마인드맵으로 내용을 정리하면서 중요 사건과 인물을 다시 한번
확인하고 통합적으로 이해합니다.

조선의 제도 정비와 정치 세력의 대립

일본의 침략, 임진왜란

광해군의 중립 외교와 병자호란

조선 시대

조선의 건국과
새 도읍, 한양

1392년

조선 건국
고려가 무너지고, 조선이 세워졌어요.

제1대 왕, 태조 즉위
이성계가 조선의 첫 번째 왕이 되었어요.

1394년

한양으로 도읍 옮김
개경에서 한양으로 도읍을 옮겼어요.

1395년

종묘와 경복궁 완공
유교 정신을 담아 종묘와 경복궁을 지었어요.

1398년

1차 왕자의 난
이방원이 왕위를 노리고 난을 일으켰어요.

1400년

2차 왕자의 난
태조의 넷째 아들인 방간이 왕위를 노리고
난을 일으켰어요.

고려를 무너뜨리고 새 나라를 세우다

고려의 개혁을 이끌던 이성계와 신진 사대부는 시간이 지날수록 점차 두 편으로 갈라졌어요. 온건파인 정몽주와 이색 등은 고려 왕조를 계속 이어 가면서 잘못된 제도를 고쳐 나가자고 주장했어요. 하지만 급진파인 정도전과 조준 등은 고려를 무너뜨리고 이성계를 왕으로 새 나라를 세우자고 했어요. 이들은 한 치의 양보도 없이 팽팽하게 맞섰어요.

어느 날, 사냥을 하던 이성계가 말에서 떨어져 크게 다쳤어요. 정몽주는 이 기회를 놓치지 않고 정도전을 귀양 보낸 뒤 이성계의 상태를 살피러 갔어요. 정몽주를 맞이한 건 이성계의 다섯째 아들 이방원이었어요. 그는 정몽주를 설득하기 위해 시조 「하여가」를 읊었어요. 고려의 신하인들 어떻고 새 나라의 신하인들 어떠냐는 뜻을 담은 시조를 읊으며 정몽주의 마음을 떠본 것이지요. 정몽주는 고려 왕조에 대한 충성심을 굽히지 않겠다는 마음을 담은 「단심가」로 대답했어요.

이방원은 정몽주를 죽이지 않는 한 그의 뜻을 꺾을 수 없다고 생각했어요. 이방원은 집으로 돌아가려고 선죽교를 지나는 정몽주를 죽였어요. 그리고 정몽주를 따르는 온건파도 없애 버렸지요.

모든 걸림돌이 사라지자 급진파는 공양왕에게 왕의 자리에서 물러나라고 요구했어요. 결국 공양왕은 스스로 왕의 자리에서 물러났고, 475년 동안 이어 온 고려 왕조는 막을 내리게 되었어요.

1392년, 새 나라 '조선'이 세워졌고, 이성계가 조선의 첫 번째 왕이 되었어요.

태조 이성계 어진

이방원 이성계의 다섯째 아들로, 이후 조선의 제3대 왕인 태종이 됨.
선죽교 원래 이름은 선지교였는데, 정몽주가 죽은 뒤 다리 옆에서 대나무가 자라 선죽교로 불리게 되었다고 함.

1 신진 사대부의 온건파와 급진파가 각각 어떤 주장을 했는지 써 보세요. ···수행평가 대비

온건파:

급진파:

2 이방원과 정몽주가 서로 주고받은 시조에 담긴 뜻을 찾아 줄로 이으세요.

「하여가」 •   • 고려 왕조에 대한 충성심을 굽히지 않겠다.

「단심가」 •   • 고려의 신하든 새 나라의 신하든 관계없다.

3 글을 읽으면서 괄호에 들어갈 알맞은 말을 쓰세요.

정몽주의 뜻을 꺾을 수 없다는 것을 알게 된 (   )은 (   )에서
정몽주를 죽였어요.

4 조선이 세워지는 과정에 맞게 순서대로 번호를 쓰세요.

- 고려 공양왕이 왕의 자리에서 물러났어요. ---------------------------- (   )
- 이성계와 신진 사대부의 급진파가 새 나라 조선을 세웠어요. ------------- (   )
- 신진 사대부가 온건파와 급진파로 갈라졌어요. ----------------------- (   )
- 신진 사대부의 급진파가 정몽주를 비롯한 온건파를 없애 버렸어요. ------- (   )

5 글을 읽으면서 빈칸에 들어갈 알맞은 말을 쓰세요.

1392년, 새 나라 [   ] 이 세워졌고, [   ] 는 조선의 첫 번째 왕이 되었어요.

역사 포인트 이성계와 신진 사대부의 급진파는 고려를 멸망시키고, 1392년 새 나라 조선을 세웠어요.

2 새 나라, 조선의 도읍은 어느 곳이 좋을까?

조선의 첫 번째 왕이 된 태조 이성계는 도읍부터 옮겨야겠다고 생각했어요. 개경은 옛 고려 왕조의 도읍이고, 개경에는 여전히 조선 왕조를 반대하는 사람이 많았기 때문이에요. 또 개경은 풍수지리적으로도 땅의 기운이 다해 새 나라의 도읍으로 맞지 않다고 생각했어요.

태조 이성계는 새 도읍에서 새 나라의 기틀을 세우고 싶었어요. 가장 먼저 조선의 새 도읍 후보지로 뽑힌 곳은 공주의 계룡산이었어요. 그런데 하륜이라는 신하가 말하길 계룡산은 조선의 남쪽에 치우쳐 있고, 풍수지리적으로도 도읍에 어울리지 않는다며 반대했어요.

다음 후보지는 무악이었어요. 하지만 이곳도 새 도읍으로 알맞지 않았어요. 땅이 비좁았기 때문이지요.

결국 한양이 새 도읍으로 정해졌어요. 한양은 나라의 중심에 위치하고 있고, 북악산과 남산으로 둘러싸여 있어 적의 공격을 막기에 좋았어요. 또 한강이 흘러 교통도 편리하고, 주변에 넓은 평야도 있었어요.

"한양을 조선의 새 도읍지로 삼겠다!"

1394년, 태조 이성계는 개경에서 한양으로 도읍을 옮겼어요. 새 나라 조선은 새 도읍 한양에서 조선의 기틀을 세워 나갔어요.

계룡산 오늘날 충청남도 공주시와 계룡시, 대전광역시에 걸쳐 있는 산.
무악 오늘날의 서울 신촌과 연희동 일대.

1 이성계가 도읍을 옮기고자 한 이유로 옳지 <u>않은</u> 것을 고르세요. (　　　　)

① 개경이 옛 고려 왕조의 도읍이었기 때문에

② 개경에 조선 왕조를 반대하는 사람들이 있었기 때문에

③ 개경은 산이 적어 적의 침입을 막기 어려웠기 때문에

④ 개경은 풍수지리적으로 땅의 기운이 다했기 때문에

2 조선의 새 도읍이 될 뻔했던 곳을 모두 고르세요. (　　　,　　　)

① 서경　　　　　② 계룡산　　　　　③ 무악　　　　　④ 남산

3 하륜이 계룡산을 새 도읍으로 반대한 이유를 써 보세요. ...수행평가 대비

- -

4 한양이 도읍으로 알맞은 이유를 세 가지 써 보세요. ...수행평가 대비

- -

- -

5 글을 읽으면서 빈칸에 들어갈 알맞은 말을 보기 에서 찾아 쓰세요.

> **보기**　무악　개경　계룡산　한양

1394년, 조선은 　　　　　 에서 　　　　　 으로 도읍을 옮겼어요.

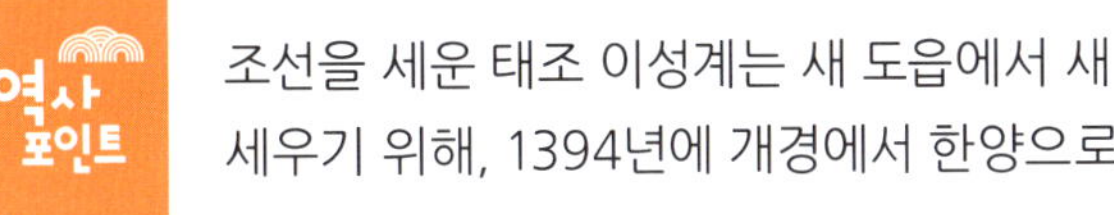

역사 포인트　조선을 세운 태조 이성계는 새 도읍에서 새 나라의 기틀을 세우기 위해, 1394년에 개경에서 한양으로 도읍을 옮겼어요.

3 조선의 도읍이 된 한양

왕이 지낼 궁궐과 나라의 건물이 들어설 터를 정하는 중요한 일은 모두 정도전이 맡았어요. 조선을 세우는 데 큰 공을 세운 정도전은 성리학을 공부한 신진 사대부로, 유교의 가르침에 따라 나라를 다스려야 한다고 생각했어요. 그래서 한양을 유교의 정신이 담긴 도시로 만들고자 했어요.

정도전은 유교의 원리에 따라 궁궐, 종묘, 사직단 등의 위치를 정했어요. 왕이 사는 궁궐을 가운데에 두고 왼쪽에는 종묘를, 오른쪽에는 사직단을 세웠어요. 종묘는 조선의 역대 왕과 왕비의 신주를 모시고, 제사를 지내며 효를 다하는 사당이에요. 사직단은 땅의 신과 곡식의 신에게 제사를 지내는 곳이지요.

정도전은 새로운 궁궐의 이름도 유교의 경전 구절에서 '경복'을 따와 경복궁이라고 지었어요. 경복은 '만 년 동안 큰 복을 누린다.'는 뜻이에요. 궁궐 안의 건물들 이름을 지을 때도 왕이 올바른 정치를 펼치라는 유교의 가르침을 담아 강녕전, 사정전, 근정전 등으로 지었어요.

한양을 둘러싸는 성곽이 완성된 뒤에는 동서남북에 커다란 사대문을 만들었어요. 사대문의 이름 역시 유교에서 중요하게 여기는 덕목을 넣어서 지었어요. 동쪽 대문은 흥인지문, 서쪽 대문은 돈의문, 남쪽 대문은 숭례문, 북쪽 대문은 숙정문으로 지었어요.

한양은 조금씩 조선의 도읍으로서 모습을 갖추어 갔고, 많은 사람으로 북적이게 되었어요.

「대동여지도」 중 도성도

정도전 조선의 경제, 문화 등에 큰 영향을 준 사람으로, 조선의 건국과 통치 이념이 담긴 「삼봉집」을 씀.
신주 죽은 사람의 이름을 적은 나무패.
강녕전 왕이 잠을 자던 공간.

1 정도전은 한양을 어떤 도시로 만들고 싶어 했는지 써 보세요. 

2 글을 읽고, 어디에 대한 설명인지 쓰세요.

- 왕과 왕비의 신주를 모신 사당으로, 왕이 제사를 지내는 곳

- 땅의 신과 곡식의 신에게 제사를 지내는 곳

3 조선의 첫 번째 궁궐인 경복궁의 이름에 담긴 뜻을 고르세요. (　　　　)

① 경치가 아름답지만 복잡하다.　　　② 경사스럽고 행복하다.

③ 만 년 동안 큰 복을 누린다.　　　④ 대대로 자손이 늘어난다.

4 올바른 정치를 펼치라는 유교의 가르침을 담은 궁궐 안의 건물 이름을 세 가지 써 보세요.

　　　　　　　　　，　　　　　　　　　，

5 각 위치에 맞는 한양 도성의 사대문 이름을 쓰세요.

동쪽		서쪽	
남쪽		북쪽	

역사 포인트

정도전은 유교의 가르침에 따라 나라를 다스려야 한다고
생각해서, 한양을 유교의 정신이 담긴 도시로 만들고자 했어요.

왕자의 난

태조 이성계는 신의왕후와 신덕왕후 사이에서 모두 8명의 아들을 두었어요.

이성계는 사람들의 반대에도 불구하고 막내 아들 방석을 자신의 후계자인 세자로 정했어요.

"말도 안 돼! 조선을 세우는 데 내가 세운 공이 얼마나 큰데!"

다섯째 아들 방원은 불만이 매우 컸어요. 조선을 세우는 것에 반대한 정몽주를 죽이고, 공양왕을 물러나게 하는 등 많은 공을 세웠기 때문이지요.

1398년, 방원은 조선을 세울 때 가장 공을 많이 세운 자신이 왕이 되어야 한다며 난을 일으켰어요. 방원은 세자인 방석과 정도전 그리고 자신의 형인 방번을 죽였어요. 이것이 바로 '1차 왕자의 난'이에요.

이성계는 자식들끼리 싸우며 자신이 아끼던 정도전과 방석이 죽자 왕의 자리에서 물러났어요. 태조 이성계의 뒤를 이어 조선의 두 번째 왕이 된 사람은 방원이 아니라 방원의 둘째 형 방과였어요. 방원은 왕의 자리가 탐이 나 난까지 일으켰지만, 형제들을 죽인 자신에 대한 세상의 시선이 곱지 않다는 것을 알고 있었기 때문이에요.

방원은 때를 기다렸어요. 그런데 2년 뒤, 방원은 넷째 형인 방간과 그를 따르는 무리가 자신을 죽이려 한다는 것을 알게 되었어요. 방원은 형 방간과 그 무리를 없애 버리고 세자의 자리에 올랐어요. 이 사건을 '2차 왕자의 난'이라고 불러요.

신의왕후 태조 이성계의 첫 번째 왕비로, 조선의 제3대 왕 태종 이방원의 어머니.
신덕왕후 태조 이성계의 두 번째 왕비로, 태조의 첫 번째 후계자인 막내 아들 방석의 어머니.

1 이성계는 자신의 후계자로 누구를 정했는지 빈칸에 이름을 쓰세요.

막내 아들 ｜　　　｜

2 방원이 후계자가 되지 못한 것에 불만을 갖은 이유는 무엇인지 써 보세요.

- -

- -

3 두 번의 왕자의 난에 대한 설명으로 옳지 <u>않은</u> 것을 고르세요. (　　　　)

① 1차 왕자의 난은 방원이 방석과 방번, 정도전을 죽인 것이에요.

② 이성계는 방원의 마음을 헤아려 방원을 후계자로 정했어요.

③ 방원의 넷째 형 방간과 그를 따르는 무리가 방원을 죽이려 했어요.

④ 방원은 자신을 죽이려고 한 방간과 그 무리를 없앴고, 이것이 2차 왕자의 난이에요.

4 조선의 제1대부터 제3대 왕의 이름을 쓰세요.

① 제1대 왕, 태조　　② 제2대 왕, 정종　　③ 제3대 왕, 태종

5 1차 왕자의 난 뒤에 방원이 바로 왕이 되지 않은 이유를 써 보세요.

- -

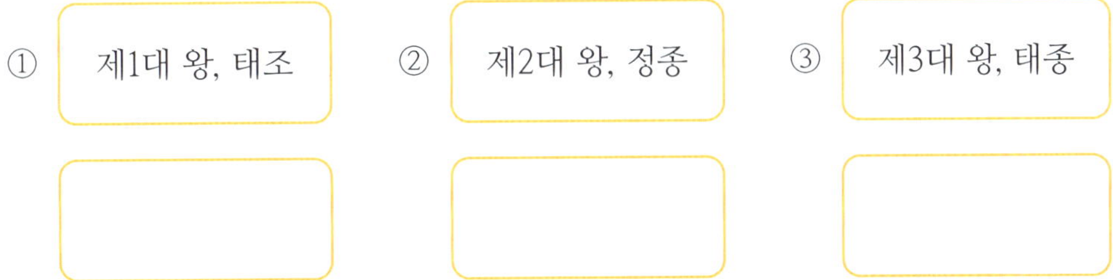

조선의 으뜸 궁궐 경복궁

경복궁은 조선 왕조가 한양으로 도읍을 옮기면서 지은 궁궐로, 북악산에 기대어 자리 잡고 있어요. 경복궁에는 왕과 관리들이 나랏일을 보는 곳, 왕실 가족이 생활하는 곳, 휴식을 위한 후원 등 여러 공간이 있어요. 경복궁은 조선의 으뜸 궁궐로, 조선 왕조의 품위를 느낄 수 있어요.

근정전
경복궁의 중심 건물로, 왕의 즉위식 같은 국가 행사나 외국 사신을 맞이하는 행사가 열리던 곳이에요.

사정전
왕이 평소에 신하들과 나랏일을 의논하던 곳이에요.

아미산
교태전 뒤쪽에 계단식으로 꾸민 정원이에요.

교태전
왕비가 머물며 잠을 자던 곳이에요.

해치상
불이 나거나 나쁜 일을 막아 주는 상상 속 동물로 광화문 양쪽에 있어요.

광화문
경복궁의 정문으로, 가운데 문으로는 왕이, 좌우의 문으로는 신하들이 다녔어요.

글자를 찾아라!

경복궁 안에 있는 건물에 대한 설명을 읽고, 글자판에서 설명에 맞는 건물 이름을 찾아 번호와 같은 색으로 묶으세요.

1. 왕이 평소에 신하들과 나랏일을 의논하던 곳이에요.
2. 왕비가 머물던 건물의 뒤쪽에 계단식으로 꾸민 정원이에요.
3. 불이 나거나 나쁜 일을 막아 주는 상상 속 동물을 돌로 만들었어요.
4. 경복궁의 중심 건물로, 왕의 즉위식 같은 국가 행사가 열리던 곳이에요.
5. 경복궁의 정문이에요.
6. 왕비가 머물며 잠을 자던 곳이에요.

근	아	교	태	전	광	기
정	주	어	강	이	통	아
전	조	모	해	치	상	미
시	투	조	수	아	근	산
화	서	광	화	문	이	광
사	토	아	수	토	조	월
광	정	오	라	강	금	목
근	문	전	간	추	수	문

괄호에 들어갈 알맞은 말을 보기 에서 찾아 쓰면서 '조선 건국'에 대해 정리해 보세요.

급진파 — 고려를 무너뜨리고, 이성계를 왕으로 새 나라를 세워야 한다고 주장했다. — 1392년, 이성계와 함께 새 나라 조선을 세웠다.

신진 사대부

온건파

① (　　　) 왕조를 계속 이어 가면서 잘못된 제도를 고쳐 나가야 한다고 주장했다.

② 이성계는 (　　　)의 첫 번째 왕이 되었다.

③ 이성계가 막내 아들 (　　　)를 후계자로 삼았다.

1차 왕자의 난

④ 조선을 세우는 데 큰 공을 세웠다고 생각한 (　　　)이 정도전과 형제들을 죽였다.

2차 왕자의 난

⑤ 방원이 넷째 형인 방간과 그의 무리를 없애고 (　　　)의 자리에 올랐다.

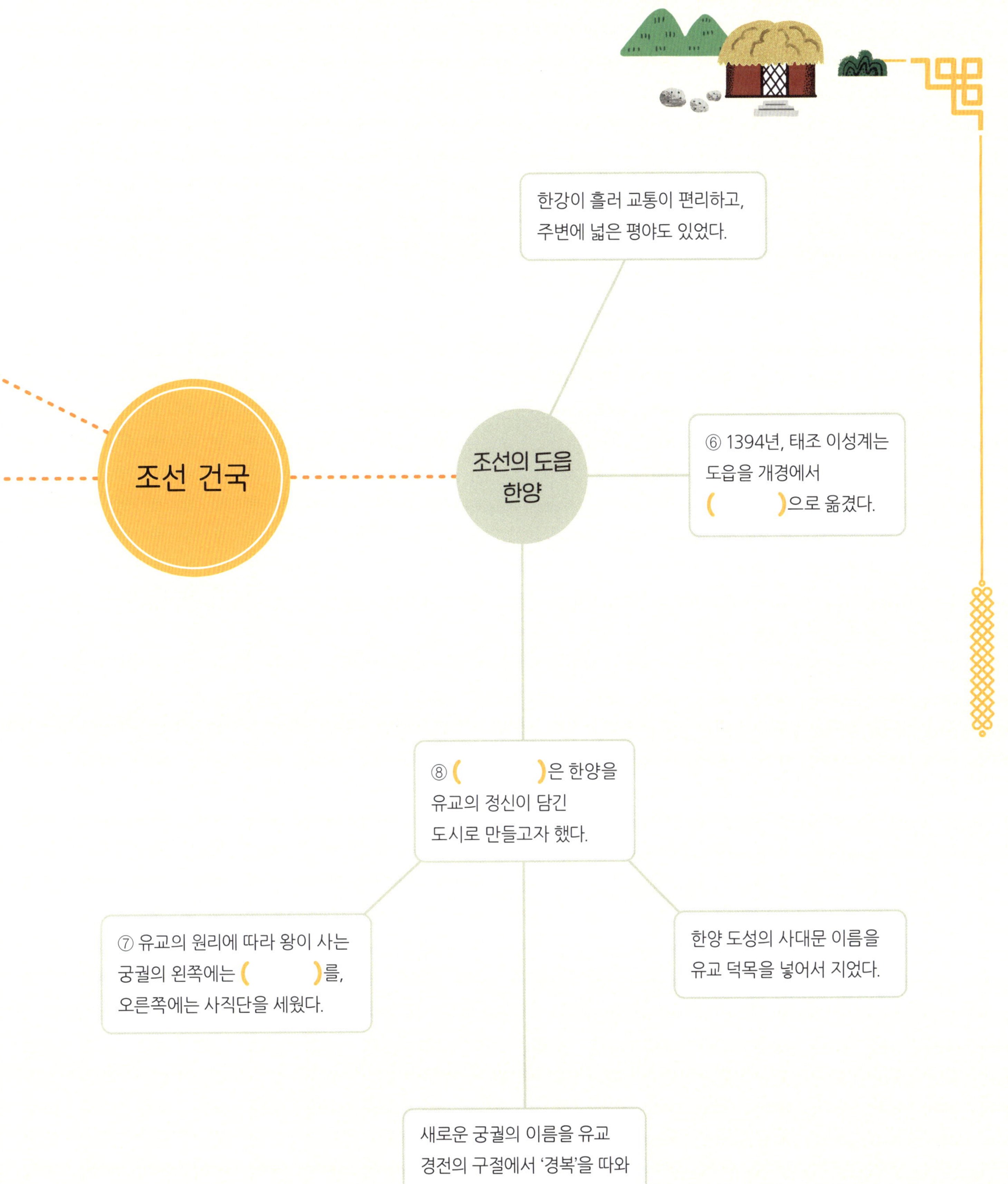

조선 건국

조선의 도읍 한양

한강이 흘러 교통이 편리하고, 주변에 넓은 평야도 있었다.

⑥ 1394년, 태조 이성계는 도읍을 개경에서 (　　　　)으로 옮겼다.

⑧ (　　　　)은 한양을 유교의 정신이 담긴 도시로 만들고자 했다.

⑦ 유교의 원리에 따라 왕이 사는 궁궐의 왼쪽에는 (　　　　)를, 오른쪽에는 사직단을 세웠다.

한양 도성의 사대문 이름을 유교 덕목을 넣어서 지었다.

새로운 궁궐의 이름을 유교 경전의 구절에서 '경복'을 따와 경복궁이라고 지었다.

보기　방석　종묘　방원　정도전　세자　고려　한양　조선

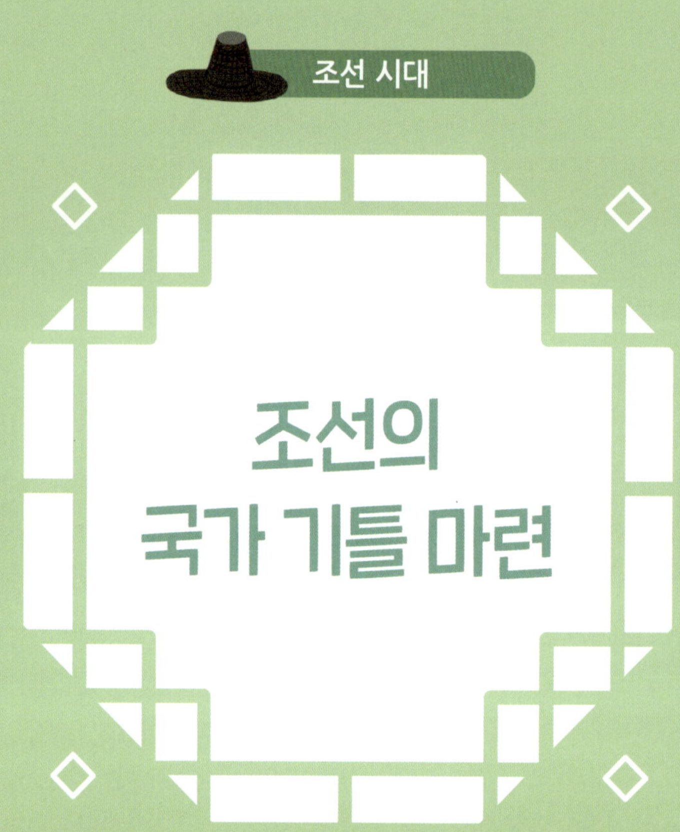

조선의
국가 기틀 마련

1400년

제3대 왕, 태종 즉위
이방원이 조선의 제3대 왕이 되어 강력한 왕권을 세웠어요.

1413년

조선 8도의 지방 행정 조직 완성
전국을 8개 도로 나누어 관리했어요.

호패법 실시
신분을 알 수 있는 호패법을 실시했어요.

강력한 왕권을 세운 태종

1400년에 드디어 이방원이 조선의 세 번째 왕, 태종이 되었어요.

이방원이 정도전과 사이가 나빠졌던 것은 서로 생각이 달랐기 때문이에요. 이방원은 왕의 힘이 강한 나라를 만들고 싶어 했고, 정도전은 신하들이 중심이 되는 나라가 되어야 한다고 생각했어요.

정도전을 없애고 왕이 된 태종 이방원은 자신의 뜻대로 왕의 힘을 강하게 만드는 데에 많은 힘을 쏟았어요.

"왕의 힘이 강해야 나라를 잘 다스릴 수 있어. 왕만이 군사를 가져야 해!"

태종은 먼저 왕족이나 신하들이 거느리던 사병을 없애 군사권을 장악했어요. 반란이 일어날 때 늘 사병이 문제가 되었기 때문이에요.

그리고 전국을 평안도, 함길도, 황해도, 강원도, 경기도, 충청도, 전라도, 경상도 등 8개 도로 나누고, 각 도에 왕이 임명한 관찰사를 내려보냈어요. 왕의 뜻이 지방까지 골고루 전달되어 왕이 직접 지방을 다스리는 것과 같은 효과를 얻기 위해서였어요.

16세 이상의 남자에게 호패를 차고 다니도록 하는 호패법도 실시했어요. 호패는 신분증과 같은 것으로, 이름과 사는 곳, 나이와 신분 등은 물론이고 생김새에 대한 것까지 쓰여 있었어요. 16세 이상 남자의 수를 정확하게 알 수 있었기 때문에, 군대에 보낼 사람이나 나라의 공사에 나와 일할 사람을 쉽게 모을 수 있었어요. 또 세금을 거둘 때도 편리했지요.

태종은 여러 가지 제도를 정비해 왕의 힘을 키웠고, 조선은 점점 안정되어 갔어요.

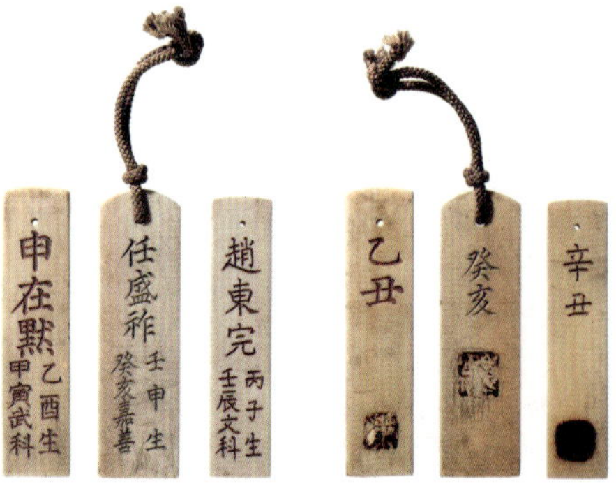

호패

사병 개인이 훈련시켜서 부리는 병사.
관찰사 각 도에 파견되어 그곳을 다스리던 관리.

1 태종이 실시한 정책이 <u>아닌</u> 것을 고르세요. (   )

① 왕족이나 신하들이 거느리던 사병을 없앴어요.

② 전국을 8개 도로 나누었어요.

③ 16세 이상의 남자에게 호패를 차고 다니도록 하는 호패법을 실시했어요.

④ 지방에서 관찰사를 뽑아 한양에 와서 머물게 했어요.

2 태종이 왕이 되자마자 여러 가지 정책을 실시한 이유는 무엇인지 써 보세요.

3 조선의 16세 이상 남자가 차고 다니던 신분증은 무엇인지 쓰세요.

4 태종 때 정한 전국 8도를 모두 찾아 ○ 하세요.

| 평안도 | 함길도 | 강원도 | 제주도 | 전라도 |
| 자강도 | 황해도 | 경기도 | 충청도 | 경상도 |

5 전국을 8개 도로 나누고 관찰사를 내려보낸 것은 어떤 의미가 있는지 써 보세요.

> **역사 포인트**
> 태종은 왕의 힘을 키우기 위해 사병을 없애고, 전국을 8개 도로 나누어 관찰사를 보냈어요. 또 16세 이상의 남자에게 호패를 차고 다니도록 했어요.

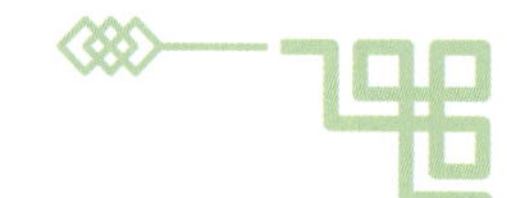

6 조선이 나라의 근본으로 삼은 것은?

　　조선을 세운 태조와 신진 사대부는 고려와 달리 불교를 멀리하고 유교를 가까이하는 정책을 폈어요. 고려 말에 불교가 타락해 사회에 좋지 않은 영향을 끼쳤다고 생각했기 때문이에요.

　　조선은 유교 사상에서 내세우는 왕도 정치를 실현하고자 했어요. 왕도 정치란 왕과 신하가 높은 도덕을 갖추고, 함께 나라를 다스려야 평화로울 수 있다는 것이에요.

　　왕도 정치를 위해 왕은 매일 경연을 열어 신하에게 유교 경전에 대해 가르침을 받고, 신하와 올바른 정치에 대해 서로 의견을 나누었어요. 신하는 유교 경전을 공부하고 왕이 올바른 정치를 하도록 왕을 일깨웠어요.

　　백성들에게도 유교의 가르침을 따르도록 했어요. 특히 사람 사이에 마땅히 지켜야 할 유교의 도리인 삼강오륜을 강조했어요. 삼강오륜에 따르면 백성은 나라에 충성하고, 부모와 웃어른을 공경하며, 남녀 간에 도리를 지켜야 했어요.

　　1432년, 세종 때에는 백성들이 유교의 가르침인 충성과 효도 등을 잘 실천할 수 있도록 『삼강행실도』를 펴냈어요. 『삼강행실도』는 우리나라와 중국의 충신, 열녀, 효자의 이야기를 모아 놓은 책으로, 글과 함께 그림을 넣어 백성들도 쉽게 볼 수 있었어요.

『삼강행실도』

경연 왕이 신하들과 유교 경전을 공부하며 토론하고 나랏일을 논의하던 자리.
열녀 한 남편만을 섬기는 여인.

1 글을 읽으면서 빈칸에 들어갈 알맞은 말을 쓰세요.

조선은 [   ] 를 멀리하고, [   ] 를 가까이하는 정책을 폈어요.

2 조선이 내세웠던 왕도 정치는 무엇인지 써 보세요. 

- -

3 왕도 정치를 실현하기 위해 한 일을 모두 고르세요. (,   )

① 왕이 신하들과 매일 경연을 열었어요.

② 왕이 직접 매일 군사 훈련을 지휘했어요.

③ 왕이 올바른 정치를 하도록 신하가 왕을 일깨웠어요.

④ 왕이 신하를 궁궐에서 쫓아냈어요.

4 조선에서 백성들에게 강조한 유교의 도리는 무엇인지 쓰세요.

5 세종 때 『삼강행실도』를 펴낸 이유가 무엇인지 써 보세요. 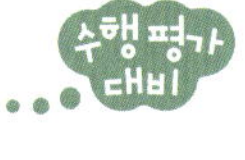

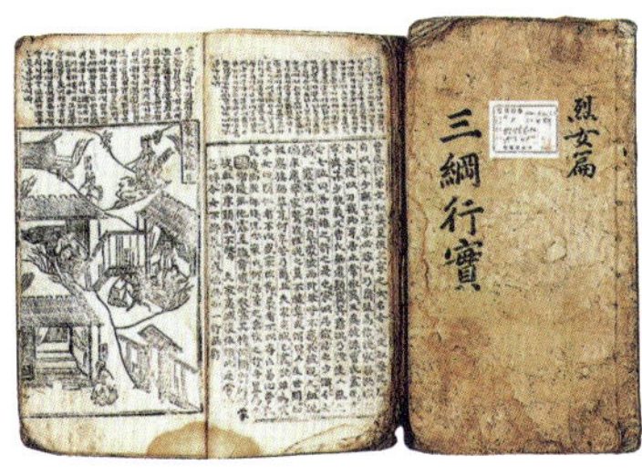
『삼강행실도』

- -

- -

조선은 유교 사상에서 내세우는 왕도 정치를 실현하고자 했으며, 백성들도 유교의 가르침을 따르고 지키도록 했어요.

유교 예절에 따라 치른 관혼상제

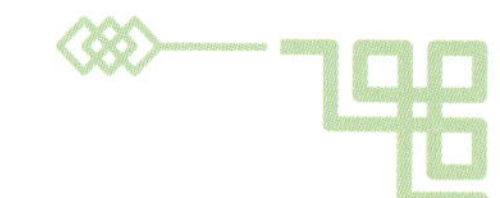

조선은 예를 중시한 나라였어요. 그래서 나라의 의례뿐만 아니라 백성들의 집안 행사인 관혼상제도 유교 예절에 따라 치르도록 했어요.

관례는 남자아이가 어른이 되었음을 알리는 의식이에요. 여자아이는 계례라고 불렀어요. 관례는 남자아이가 자라 15세가 넘으면 좋은 날을 받아 치렀어요. 이때 관례를 치르는 남자아이는 머리를 빗어 올려 상투를 틀고 갓을 썼어요. 계례를 치르는 여자아이는 길게 길러 땋은 머리를 풀고 쪽 찌어 올린 다음, 비녀를 꽂았어요.

혼례는 부부가 되기로 약속하는 의식이에요. 신랑과 신부의 집안끼리 의논하여 혼인을 결정하면 신랑 집에서 신부 집으로 사주단자를 보냈어요. 사주단자를 받은 신부 집에서는 혼례 날짜가 적힌 택일단자를 보냈어요. 혼인이 성사되면 정해진 날에 신랑이 신부 집으로 와서 혼례를 치렀어요. 혼례를 치른 신랑은 신부를 자신의 집으로 데리고 갔어요.

상례는 장례를 치르는 것이에요. 사람이 죽으면 남은 가족들은 삼베로 만든 상복을 입고, 문상객을 맞이했어요. 특히 부모가 돌아가셨을 때는 3년 동안 상복을 입고 부모의 산소를 지키는 시묘살이를 했어요.

제례는 조상을 모시고 제사를 지내는 것이에요. 부모와 조상이 돌아가신 날에 제사상을 차려 놓고 절을 했어요. 설날과 추석 같은 명절에는 차례를 지냈어요.

관혼상제의 유교 예절은 점차 백성들의 생활 속에 자리 잡게 되었고, 오늘날까지 이어지고 있어요.

의례 정해진 방식에 따라 치르는 행사.
사주단자 신랑이 태어난 연도, 날짜 시간을 적어 신부의 집으로 보내는 종이.
문상객 죽음을 슬퍼하며 가족들을 위로하러 오는 손님.

1 글을 읽으면서 알맞은 말에 ◯ 하세요.

조선의 백성들은 (**유교** / **불교**) 예절에 따라 관혼상제를 치렀어요.

2 글을 읽고, 관계있는 의례를 쓰세요.

상복을 입어요.	부부가 되기로 약속해요.	상투를 올려요.	제사상을 차려요.

3 어른이 되었음을 알리는 관례와 계례를 각각 어떻게 치렀는지 써 보세요.

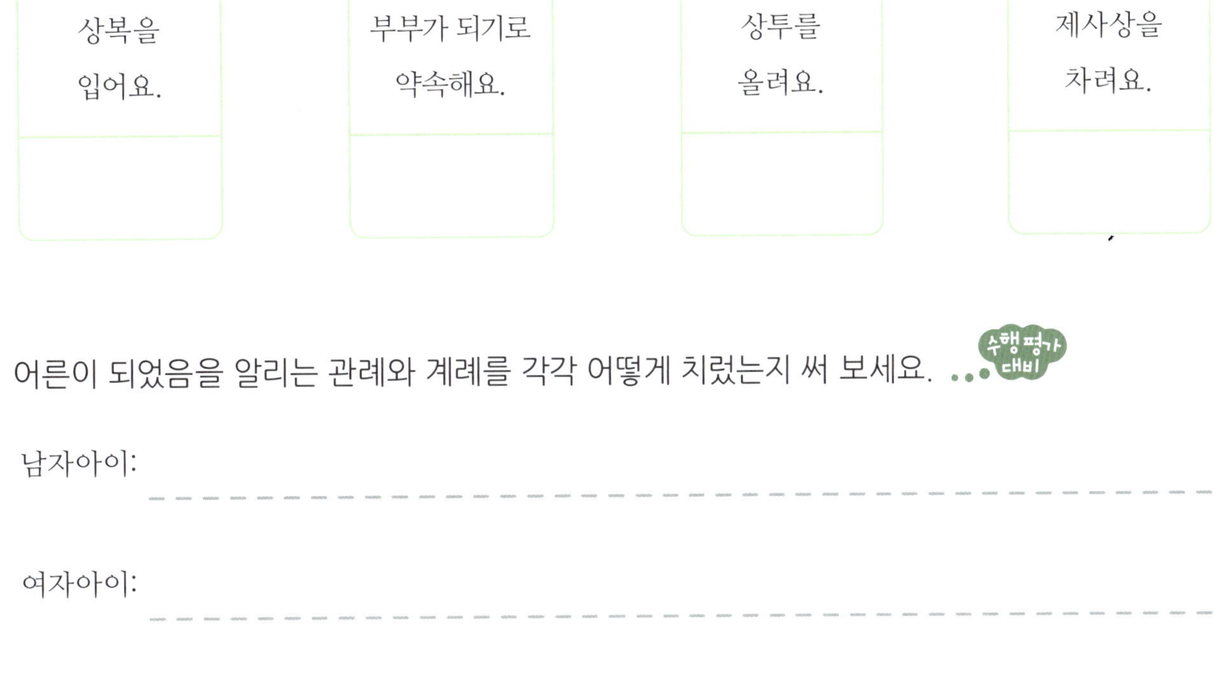

남자아이: ____________________________

여자아이: ____________________________

4 부모가 돌아가셨을 때 어떤 의례를 치렀는지 써 보세요.

____

5 글을 읽으면서 빈칸에 들어갈 알맞은 말을 쓰세요.

설날과 추석 같은 명절에는 [　　　　] 를 지냈어요.

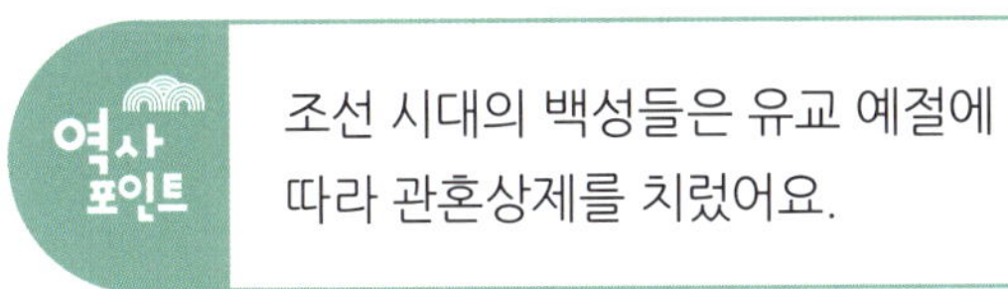

법으로 신분이 정해져 있던 조선

조선 시대 사람들은 태어날 때부터 신분이 정해져 있고, 자식도 같은 신분을 물려받는 경우가 대부분이었어요. 법으로 정해진 신분은 양천제로 크게 양인과 천민으로 구분되었는데, 실제로는 양반·중인·상민·천민의 네 신분과 계층으로 구분되었어요. 조선 사람들은 신분에 따라 하는 일뿐만 아니라 생활 모습도 크게 달랐어요.

가장 높은 신분인 양반은 관리가 되어서 왕을 도와 나랏일을 했어요. 양반은 관리가 되기 위해 어릴 때부터 유교 경전을 공부하며 과거를 준비했어요. 양반은 땅과 노비를 가지고 있었는데, 자신의 땅을 농민에게 빌려주고 그 대가로 곡식을 받았어요.

중인은 양반과 상민의 중간 신분이에요. 양반을 도와 관청에서 일하거나 전문적인 일을 했어요. 아픈 사람을 돌보는 의관, 외국 사신의 말을 통역하는 역관 등이 중인이었어요. 중인은 상민보다 지위는 높았지만, 높은 관직에 오르기는 힘들었어요.

상민은 평민이라고도 불리는 일반 백성이에요. 이들은 농업, 어업, 수공업, 상업 등의 일을 했는데, 대부분은 농사를 짓는 농민이었어요. 상민은 나라에 세금을 내고, 군대에 갔어요.

천민은 이 중 가장 낮은 신분으로, 대부분 노비였어요. 노비는 양반의 집이나 관아에서 머물며 허드렛일이나 물건 만드는 일을 했어요. 자신의 집에 사는 노비도 있었지만 주인집에 신공을 바쳐야 했어요. 노비는 나라와 양반의 재산으로, 사고팔 수도 있었어요.

지위 개인의 사회적 신분에 따르는 위치나 자리.
노비 남자 종과 여자 종을 모두 이르는 말.
신공 노비가 일하는 대신 내는 돈이나 물건.

1 조선 시대의 신분 제도에 대한 설명으로 옳지 <u>않은</u> 것을 고르세요. (　　　　)

① 태어날 때부터 신분이 정해져 있었어요.

② 법으로 정해진 신분은 크게 양인과 천민이었어요.

③ 신분에 따라 하는 일이 달랐어요.

④ 돈을 많이 벌면 신분을 쉽게 바꿀 수 있었어요.

2 글을 읽으면서 괄호에 들어갈 알맞은 말을 쓰세요.

양반은 (　　　　　　)가 되기 위해 어렸을 때부터 (　　　　　　)을 공부하며

과거를 준비했어요.

3 조선 시대에 계층이 가장 낮은 신분부터 순서대로 쓰세요.

[　　　] → [　　　] → [　　　] → [　　　]

4 상민은 어떤 신분인지 설명하는 글을 써 보세요. 

- -

5 글을 읽고, 관계있는 신분을 보기 에서 찾아 쓰세요.

보기

양반
중인
천민

- 양반의 집이나 관아에서 허드렛일을 했어요. - - - - - - - - (　　　　)
- 관리가 되어서 왕을 도와 나랏일을 했어요. - - - - - - - - (　　　　)
- 의관이나 역관 등의 전문적인 일을 했어요. - - - - - - - - (　　　　)

역사 포인트
조선 시대 사람들은 태어날 때부터 양반, 중인, 상민, 천민으로 신분이 정해져 있었고, 신분에 따라 하는 일이 달랐어요.

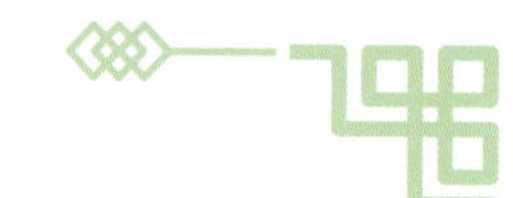

많이 달랐던 양반과 상민의 생활 모습

조선 시대에는 신분에 따라 사는 집, 입는 옷, 먹는 음식이 달랐어요. 만약 자신의 신분에 맞지 않는 옷을 입거나 행동을 했다가는 곤장을 맞거나 가축을 빼앗기기도 했어요.

그래서 양반과 상민의 생활 모습은 크게 달랐어요. 양반은 기와집에서 살았어요. 집의 크기는 조금씩 달랐지만, 남자가 생활하는 사랑채와 여자가 생활하는 안채로 공간이 구분되어 있었어요. 양반의 집 안에는 조상의 신주를 모시는 사당도 있었어요. 상민은 주로 초가집에서 살았어요. 부엌 하나에 방이 한 개 혹은 둘 있는 집이었어요. 그래서 남자와 여자가 생활하는 공간이 따로 구분되어 있지는 않았어요.

양반은 비단옷을 입고 주로 가죽신을 신었어요. 머리에는 망건을 두르고, 그 위에 갓을 썼어요. 양반집 여자들은 화려한 장식이 달린 비녀를 머리에 꽂고, 옷고름에는 화려한 노리개도 달았어요. 외출할 때는 장옷으로 얼굴을 가렸지요. 상민은 무늬가 없는 삼베옷이나 무명옷을 입고, 짚신을 신었어요.

양반은 주로 쌀밥을 먹고, 노루고기나 꿩고기 등을 종종 먹었어요. 양반의 밥상은 반찬의 가짓수에 따라 3첩, 5첩, 7첩 반상이라고 불렸어요. 상민은 잡곡밥을 먹었는데, 아침과 저녁 두 끼를 먹고, 반찬은 김치 외에 나물 한두 가지가 전부였어요.

상민이 말을 탄 양반에게 인사하는 모습을 그린 「노상알현도」

망건 상투를 틀고, 머리카락이 흘러내리지 않도록 머리에 두르는 장식품.
장옷 양반 여자가 얼굴을 가리기 위해 머리에서부터 길게 내려 쓰던 옷.

1 글을 읽으면서 빈칸에 들어갈 알맞은 말을 쓰세요.

양반이 사는 집은 남자가 생활하는 [   ] 와

여자가 생활하는 [   ] 로 공간이 구분되어 있었어요.

2 양반 여자들이 옷고름에 달던 장식품은 무엇인지 쓰세요.

[| |]

3 글을 읽으면서 괄호에 들어갈 알맞은 양반의 머리 장식을 쓰세요.

● 남자는 (   )을 두르고, 그 위에 (   )을 썼어요.
● 여자는 화려한 장식이 달린 (   )를 머리에 꽂았어요.

4 상민의 옷차림에 대해 설명하는 글을 써 보세요. ... 

- -

5 상민의 생활 모습으로 맞으면 ◯, 틀리면 ✕ 하세요.

① 초가집에서 살았어요. - ( )
② 잡곡밥을 먹었어요. - ( )
③ 노루고기나 꿩고기를 종종 먹었어요. - - - - - - - - - - - - - - ( )
④ 여자들은 외출할 때 장옷으로 얼굴을 가렸어요. - - - - - - - ( )

조선 시대 사람들은 신분에 따라 사는 집,
입는 옷, 먹는 음식이 서로 달랐어요.

마을 사람들이 함께 즐긴 **민속놀이**

조선 시대 백성들은 여러 가지 민속놀이를 즐겼어요.
민속놀이에는 농사가 잘되어서 풍년이 들기를 바라는 마음이 담겨 있어요.
마을 사람들은 민속놀이를 함께 즐기며 협동심을 길렀어요.

줄다리기

마을 사람들이 두 편으로 나뉘어 볏짚으로 만든
줄을 다 함께 끌어당기는 놀이예요. 사람들은
일 년 농사를 계획하고 풍년을 비는 마음으로, 주로
정월에 줄다리기를 했어요. 줄다리기에서 이긴
편은 그해 농사가 잘되고 병에도 걸리지 않는다고
생각했어요.

강강술래

추석 무렵에 여자들이 노래를 부르며 손을
잡고 빙빙 도는 놀이예요. 임진왜란 때
이순신 장군이 적을 속이기 위해 여자들에게
강강술래를 시켰다는 이야기가 전해 오고
있어요. 전라남도 해안 지방에서 주로 하던
놀이예요.

고싸움놀이

정월 대보름 무렵, 두 편으로 나뉘어 남자들이 하던
놀이예요. 머리에 둥근 모양의 '고'가 달린 굵은 줄을
메고, 상대편의 고와 서로 맞부딪쳐요. 상대편 고를
먼저 땅에 닿게 하면 이기는데, 이기는 편은 풍년이
든다고 믿었지요.

이리저리 선 따라가기

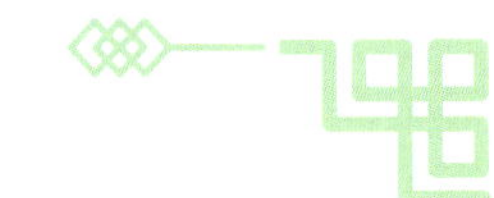

글을 읽고, 선을 따라가 도착한 빈칸에 글에서 설명한 민속놀이 이름을 쓰세요.

여자들이 손을 잡고
빙빙 도는 놀이예요.
이순신 장군이 적을
속이기 위해 시켰다는
이야기가 전해 와요.

마을 사람들이
두 편으로 나뉘어
볏짚으로 만든 줄을
다 함께 끌어당기는
놀이예요.

남자들이 두 편으로
나뉘어 고가 달린
굵은 줄을 메고,
상대편의 고와 서로
맞부딪치는 놀이예요.

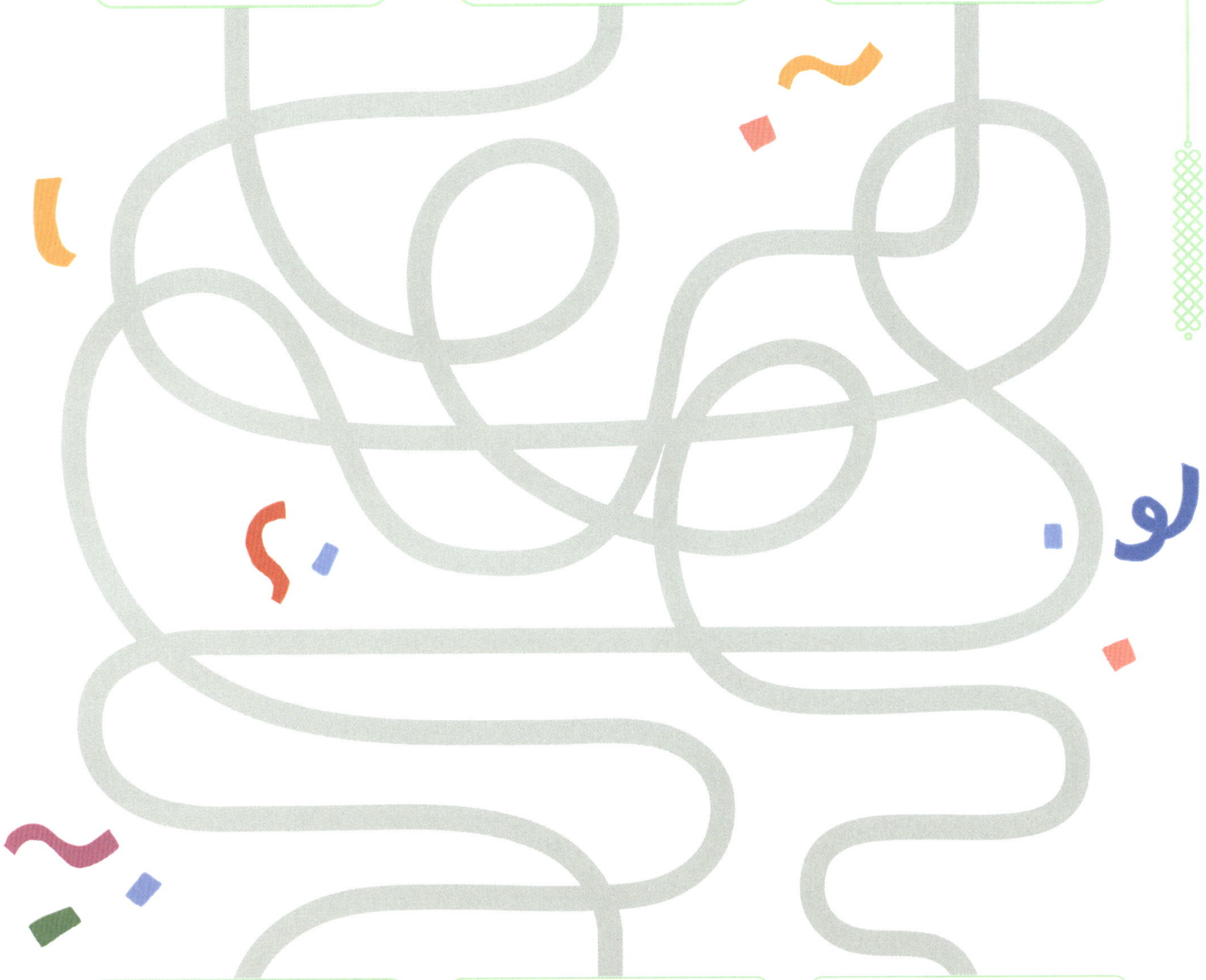

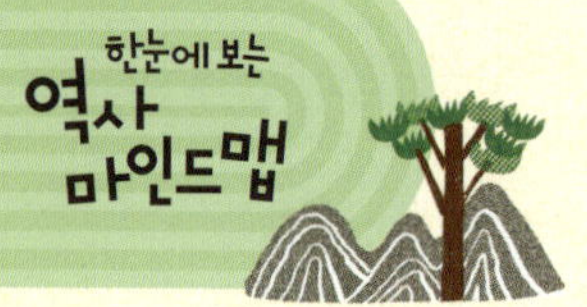

괄호에 들어갈 알맞은 말을 보기 에서 찾아 쓰면서 '조선의 국가 기틀 마련'에 대해 정리해 보세요.

② 전국을 8개 도로 나누고, 각 도에 왕이 임명한 (   )를 내려보냈다.

① 16세 이상의 남자에게 (   )를 차고 다니도록 하는 호패법을 실시했다.

태종의 왕권 강화

신분 제도

왕족이나 신하들이 거느리던 사병을 없앴다.

조선의 국가 기틀 마련

③ 조선은 불교를 멀리하고 (   )를 가까이하는 정책을 폈다.

유교 숭상

④ 백성들은 유교의 도리인 (   )을 따르고 지켜야 했다.

유교 사상에서 내세우는 왕도 정치를 실현하려고 했다.

세종 때 백성들이 유교의 가르침을 잘 실천할 수 있도록 『삼강행실도』를 펴냈다.

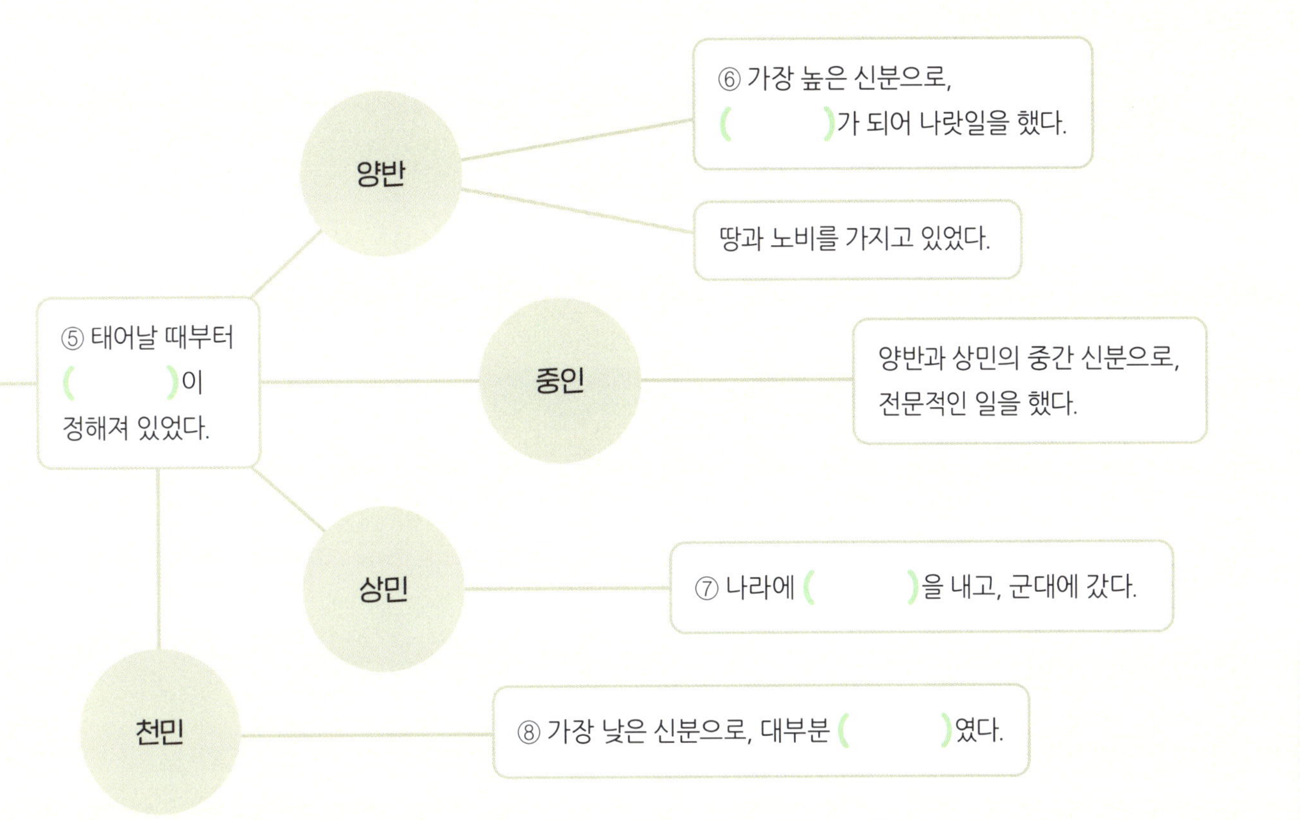

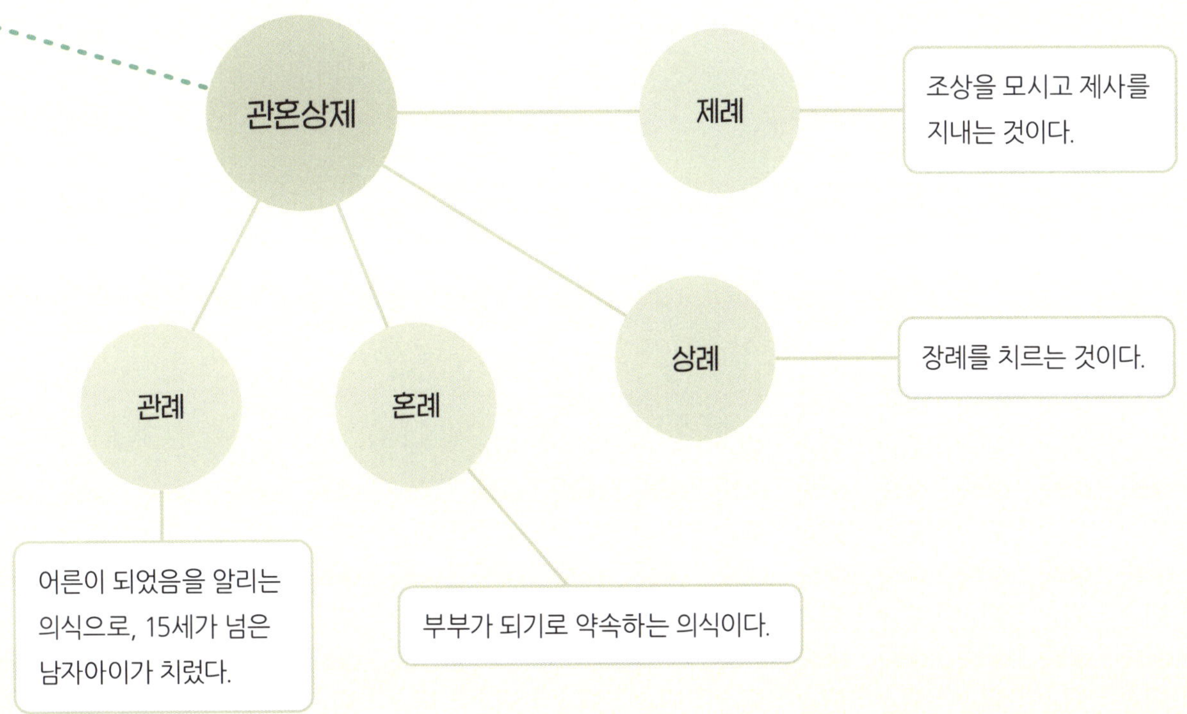

보기 호패 노비 유교 신분 관리 삼강오륜 세금 관찰사

조선 시대

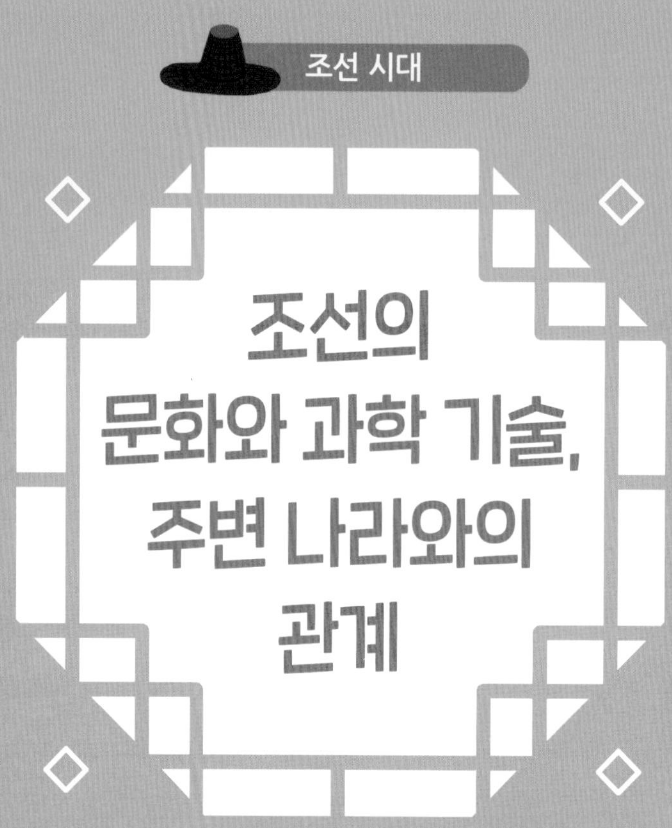

조선의
문화와 과학 기술,
주변 나라와의
관계

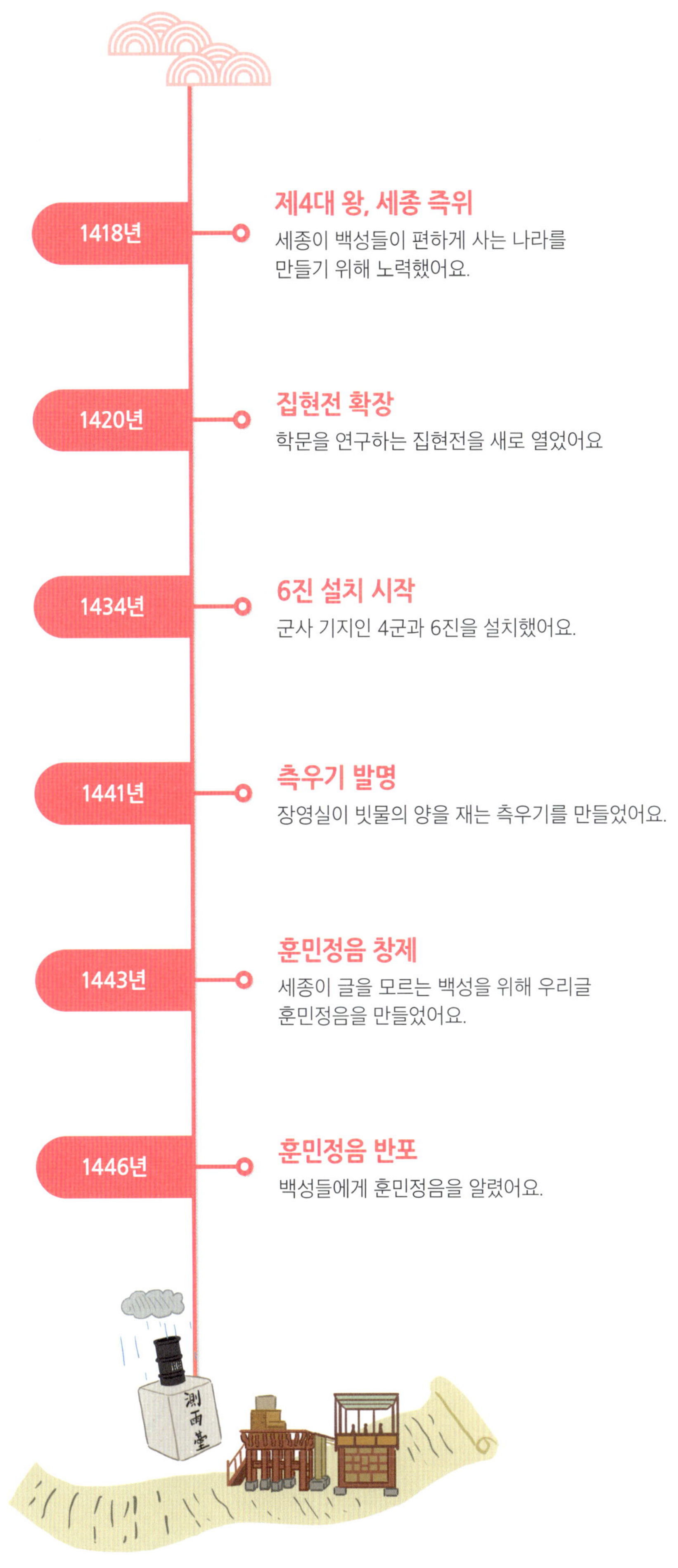

1418년 — 제4대 왕, 세종 즉위
세종이 백성들이 편하게 사는 나라를 만들기 위해 노력했어요.

1420년 — 집현전 확장
학문을 연구하는 집현전을 새로 열었어요

1434년 — 6진 설치 시작
군사 기지인 4군과 6진을 설치했어요.

1441년 — 측우기 발명
장영실이 빗물의 양을 재는 측우기를 만들었어요.

1443년 — 훈민정음 창제
세종이 글을 모르는 백성을 위해 우리글 훈민정음을 만들었어요.

1446년 — 훈민정음 반포
백성들에게 훈민정음을 알렸어요.

10 백성을 자식처럼 사랑한 왕, 세종

태종의 셋째 아들인 충녕 대군은 책 읽기를 무척 좋아했어요. 같은 책을 여러 번 읽고, 아플 때조차 손에서 책을 놓지 않았지요.

다섯째 아들로 왕의 자리에 올랐던 태종은 맏아들인 양녕 대군에게 왕의 자리를 물려주고 싶었어요. 하지만 양녕 대군에게는 훌륭한 왕이 될 기미가 보이지 않았어요. 태종은 양녕 대군 대신 총명하고 어진 셋째 아들 충녕 대군에게 왕의 자리를 물려주었어요. 충녕 대군이 바로 조선의 네 번째 왕 세종이에요.

"학문이 뛰어난 신하가 많아야 백성을 위한 좋은 정치를 펼칠 수 있어."

세종은 학문을 연구하는 집현전을 새로 열어서, 젊은 학사들을 뽑아 마음 놓고 공부하도록 했어요.

세종은 농사가 잘되어야 백성들이 배불리 먹고 살 수 있다고 생각했어요. 집현전 학사들에게 우리나라 사정에 딱 맞는 농사책을 펴내도록 했지요. 집현전 학사들은 경험 많은 농부들을 일일이 찾아다니며 농사법을 물어 『농사직설』이란 책을 만들었어요. 『농사직설』에는 우리나라 사정에 맞는 농사법이 자세히 기록되어 있어요.

세종은 날씨와 계절을 미리 알면 농사짓는 데 큰 도움이 된다고 생각했어요. 그래서 빗물의 양을 재는 측우기를 만들어 가뭄과 홍수에 대비하도록 했어요. 또 천체의 움직임을 관찰하는 간의와 혼천의 등도 만들었어요. 이를 바탕으로 조선의 상황에 맞는 『칠정산』이라는 달력을 만들고, 때에 맞춰 농사를 짓도록 했어요.

세종은 글을 모르는 백성을 위해 우리글 훈민정음을 창제했어요. 백성을 자식처럼 사랑했던 세종은 백성들이 편하게 사는 나라를 만들기 위해 끊임없이 노력했어요.

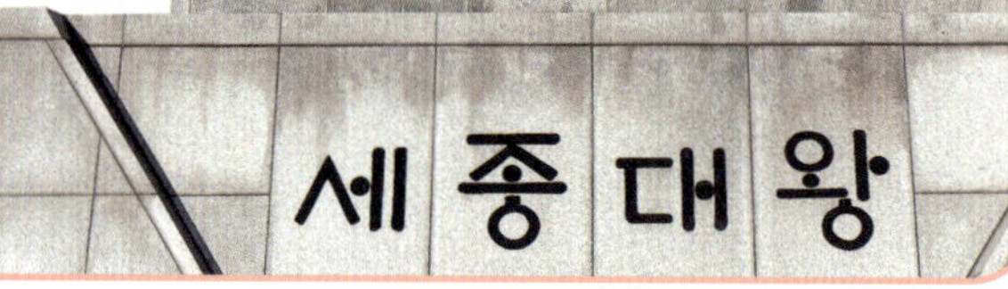

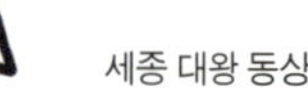
세종 대왕 동상

역사 용어

학사 학문을 연구하는 선비라는 뜻으로 집현전 관리를 일컫는 말.
천체 해, 달, 별 등을 포함한 우주에 있는 것.
창제 전에 없던 것을 처음으로 만듦.

1 글을 읽으면서 알맞은 말에 ◯ 하세요.

- (**양녕** / **충녕**) 대군이 왕의 자리에 올랐는데, 그가 바로 세종이에요.
- 세종은 조선의 (**두 번째** / **네 번째**) 왕이에요.

2 『농사직설』이 어떤 책인지 설명하는 글을 써 보세요. ···💬(수행평가 대비)

- -

3 글을 읽고, 세종 때 만든 과학 기구를 쓰세요.

- 빗물의 양을 재는 기구　☐☐☐

- 천체의 움직임을 관찰하는 기구　☐☐ , ☐☐☐

4 세종이 측우기, 간의, 혼천의 같은 과학 기구를 만든 이유를 써 보세요. ···💬(수행평가 대비)

- -

5 세종이 한 일이 <u>아닌</u> 것을 고르세요. (　　　　)

① 세종은 글을 모르는 백성을 위해 훈민정음을 만들었어요.

② 세종은 측우기, 간의, 혼천의 등의 과학 기구를 만들도록 했어요.

③ 세종은 집현전을 새로 열고, 젊은 학사들이 공부할 수 있도록 했어요.

④ 세종은 매일 잔치를 열어 나라 살림을 어렵게 만들었어요.

조선의 네 번째 왕 세종은 집현전 학사들과 『농사직설』을 펴내고, 측우기, 간의, 혼천의 등의 과학 기구를 만들었어요. 우리글 훈민정음도 창제했어요.

집현전에서는 무엇을 했을까?

세종은 젊고 똑똑한 학사들이 학문과 정책을 연구하는 데에 집중할 수 있도록 집현전의 문을 새로 열었어요.

집현전 학사들은 왕과 함께 경연을 하고, 세자에게 유학을 가르치는 일을 했어요. 또 외국으로 보낼 외교 문서를 작성하고, 과거 조상들이 만든 제도를 살펴 조선에 필요한 것을 찾기도 했어요. 이처럼 집현전 학사들은 밤낮없이 공부하고 연구했어요. 세종은 이런 집현전 학사들을 기특하게 여기고 아꼈어요.

어느 늦은 밤, 세종은 집현전으로 내관을 보내 오늘 밤 담당 학사가 어떻게 지내는지 살펴보라고 했어요. 그날은 신숙주라는 학사가 담당이었는데 집현전에서 밤새도록 책을 읽고 있었어요. 신숙주는 새벽녘이 되어서 깜빡 잠이 들었지요. 이 말을 전해 들은 세종은 흐뭇해하며 자신의 겉옷을 내주었어요.

"춥지 않게 잘 덮어 주거라!"

날이 밝아 세종의 옷을 발견한 신숙주와 집현전 학사들은 크게 놀라며 세종의 마음에 감동했어요. 그들은 더욱더 학문에 힘을 쏟았어요. 집현전 학사들은 세종의 관심 속에 『고려사』, 『용비어천가』, 『의방유취』, 『삼강행실도』 등의 많은 책을 편찬했어요. 지도를 제작하고, 금속 활자를 만드는 데에도 큰 역할을 했지요. 그리고 세종을 도와 훈민정음도 만들었어요.

집현전 학사들은 조선의 문화와 학문을 크게 발전시켰어요.

내관 왕의 곁에 머물며 왕을 돌보던 신하.
의방유취 한방 의학의 백과사전.

1 세종 때 학사들이 학문과 정책을 연구하던 곳은 어디인지 쓰세요.

2 집현전과 집현전 학사들에 대한 설명으로 맞으면 ◯, 틀리면 ✕ 하세요.

① 젊고 똑똑한 학사들이 집현전에서 학문과 정책을 연구했어요. ----------------- (   )
② 집현전 학사들은 세종에게 옷을 받기 위해 열심히 공부했어요. ----------------- (   )
③ 집현전 학사들은 책을 만들지 않고, 읽는 것에만 집중했어요. ----------------- (   )
④ 집현전 학사들은 조선의 문화와 학문을 크게 발전시켰어요. ----------------- (   )

3 글을 읽으면서 집현전 학자들이 하는 일은 무엇인지 괄호에 쓰세요.

집현전 학자들은 왕과 함께 (   )을 하고 세자에게 (   )을 가르치는

일과 함께, 외국으로 보낼 (   )도 작성했어요.

4 신숙주의 일화를 통해 알 수 있는 세종의 마음은 무엇인지 써 보세요. 

5 집현전 학사들이 한 일을 모두 고르세요. (,   ,   )

① 『고려사』, 『용비어천가』, 『의방유취』 등 많은 책을 편찬했어요.
② 세종을 도와 훈민정음을 만들었어요.
③ 조선의 도읍 한양의 건축물을 설계했어요.
④ 지도를 제작하고, 금속 활자를 만드는 데에 큰 역할을 했어요.

역사 포인트 집현전 학사들은 세종을 도와 여러 가지 일을 하며 조선의 문화와 학문을 크게 발전시켰어요.

조선 최고의 발명왕, 장영실

장영실은 원래 동래 고을의 관아에서 일하던 노비였어요. 어려서부터 손재주가 뛰어난 장영실은 현감의 추천으로 궁궐에서 일하게 되었지요.

장영실의 소문을 들은 세종이 장영실을 불렀어요.

"혼천의가 있으면 백성들이 농사를 짓는 데 큰 도움이 될 것이다. 네가 만들 수 있겠느냐?"

혼천의는 천체가 어떻게 움직이는지 살펴보는 기구인데, 당시에는 명나라에만 있었어요. 장영실은 세종의 명을 따르기 위해 여러 학자들과 함께 혼천의가 있는 명나라로 갔어요. 그곳에서 혼천의를 살피고 온 장영실은 이천과 함께 여러 번의 실패 끝에 결국 혼천의를 만들어 냈어요. 세종은 크게 기뻐하며 장영실에게 벼슬을 내렸어요.

장영실은 1434년에 자동 물시계인 자격루를 만들었어요. 자격루는 항아리에 일정한 양의 물이 차오르면 쇠구슬이 떨어지면서 인형들을 움직였어요. 이러한 원리로 2시간마다 인형들이 저절로 움직이며 종과 북, 징을 쳐 시각을 알렸어요.

그 뒤에도 장영실은 해시계인 앙부일구, 빗물의 양을 재는 측우기, 강물의 높이를 재는 수표 등을 만들어 냈어요.

많은 발명품을 만들어 낸 장영실은 조선 최고의 과학자였어요.

역사 용어

동래 부산에 있는 지역.

이천 경인자, 갑인자 등 금속 활자를 만들고, 호조 판서로 장영실을 지휘했음.

1 글을 읽으면서 알맞은 말에 ◯ 하세요.

장영실은 원래 동래 고을의 관아에서 일하던 (**중인** / **상민** / **노비**)였어요.

2 장영실이 발명한 과학 기구를 세 가지 써 보세요.

3 혼천의가 어떤 기구인지, 왜 필요한지 써 보세요.

4 장영실이 만든 자격루는 어떻게 움직여 시각을 알렸는지 써 보세요.

자격루

5 장영실에 대한 설명으로 옳은 것을 고르세요. (   )

① 장영실은 뭐든지 잘 만드는 스님이었어요.

② 장영실은 집현전에서 연구하는 학사였어요.

③ 장영실은 조선 최고의 과학자였어요.

④ 장영실은 전쟁터에서 싸움을 잘하는 군인이었어요.

장영실은 혼천의를 비롯해 자격루, 앙부일구, 측우기, 수표 등을 만들어 낸 조선 최고의 과학자였어요.

43

훈민정음은 어떻게 만들어졌을까?

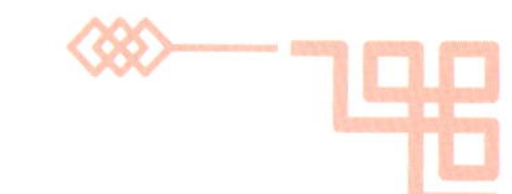

조선은 우리말을 적을 문자가 없어 중국의 한자를 빌려 쓰고 있었어요. 그런데 말과 글이 달라 불편함이 많았어요. 우리말을 한자로 옮겨 적는 것도 어렵고, 한자를 우리말로 옮겨 적는 것 역시 어려웠거든요. 한자를 배운 양반들과 달리 한자를 배우지 못한 백성들의 어려움과 불편함은 이루 말할 수 없었어요.

백성들을 가엾게 여긴 세종은 우리글을 만들어야겠다고 생각했어요. 1443년, 세종은 집현전 학사들과 오랜 연구 끝에 28자로 이루어진 새로운 글자, 훈민정음을 만들었어요. 하지만 **최만리**를 비롯한 많은 신하는 한자가 아닌 다른 문자를 사용하는 것은 오랑캐와 같다며 훈민정음의 사용을 반대했어요.

세종은 뜻을 굽히지 않았어요. 오히려 더욱 다듬어 1446년에 훈민정음을 **반포**했어요.

"우리말이 중국과 달라 백성들이 하고 싶은 말이 있어도 그 뜻을 펴지 못하니, 나는 그것을 불쌍히 여겨 새로 28자를 만든다."

훈민정음은 '백성을 가르치는 바른 소리'라는 뜻으로, 백성을 사랑하는 세종의 마음이 담긴 글자예요.

훈민정음은 혀의 위치, 입술과 목구멍의 모양, 하늘·땅·사람의 모양 등을 본떠서 만든 매우 과학적인 글자예요. 또 누구나 배우기 쉽고, 거의 모든 소리를 적을 수 있는 뛰어난 글자이지요.

훈민정음이 반포된 뒤 처음에는 여성과 일반 백성이 주로 사용했어요. 하지만 시간이 지나면서 점차 많은 사람이 사용하게 되었어요.

유네스코 세계 기록 유산으로 등재된 『훈민정음』

역사 용어

최만리 조선의 문신으로 훈민정음 창제, 반포에 대해 여섯 가지 이유를 들어 반대함.
반포 세상에 널리 퍼뜨려 모두가 알게 함.

1 세종이 훈민정음을 만들려고 한 이유를 모두 고르세요. (,   )

① 신하들이 중국의 책을 한자로 옮겨 적는 것을 힘들어했어요.

② 한자를 배우지 못한 백성들이 글을 몰라 불편을 겪었어요.

③ 우리말을 한자로 옮겨 적는 데 어려움이 많았어요.

④ 양반들이 한자를 쓰는 것을 어려워했어요.

2 훈민정음의 사용을 반대한 신하의 이름과 반대한 이유를 써 보세요.

이름 (   )

반대한 이유: -

3 훈민정음이 무슨 뜻인지 빈칸에 들어갈 알맞은 말을 쓰세요.

[   ] 을 가르치는 [   ] 소리

4 훈민정음을 뛰어난 글자라고 하는 이유를 두 가지 써 보세요. 

- -

5 훈민정음에 대한 설명으로 옳지 <u>않은</u> 것을 모두 고르세요. (,   )

① 세종이 집현전 학사들과 오랜 연구 끝에 만들었어요.

② 최만리를 비롯한 많은 신하는 사용을 반대했어요.

③ 세종이 신하들의 반대에 부딪쳐 반포하지 않았어요.

④ 여성과 일반 백성만 사용하다가 금세 사라졌어요.

> **역사 포인트** 세종은 한자를 몰라 불편해하는 백성들을 위해 집현전 학사들과 오랜 연구 끝에 새로운 글자, 훈민정음을 창제했어요.

14

조선 초기의 외교 정책은 어땠을까?

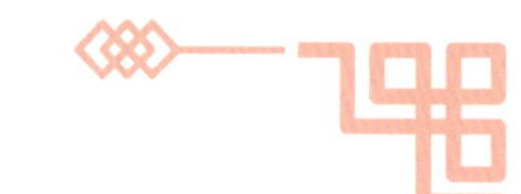

조선은 주변 나라들에 사대교린의 외교 정책을 폈어요.

사대교린에서 사대는 '큰 나라를 섬긴다.'라는 뜻으로, 힘이 강한 나라와 좋은 관계를 유지하면서 그 나라의 발달된 문화를 받아들인다는 의미가 담겨 있어요. 조선은 명나라와 사대 관계를 맺고, 해마다 사신을 보내고 조공을 바쳤어요. 그리고 명나라로부터 조선에 필요한 문물을 받아들였지요.

교린은 '이웃 나라와 친하게 지낸다.'는 뜻으로, 조선은 일본, 여진과 교린 관계를 맺었어요. 조선은 일본, 여진과 좋은 관계로 지내기도 했지만 필요할 때는 무력을 사용했어요.

조선 초기에는 일본과 가깝게 교류하며 지냈어요. 그런데 왜구가 자꾸 바다를 건너 조선에 와서 재물을 빼앗고 사람을 죽이거나 집을 불태우는 등 피해를 주었어요. 세종 때 왜구를 혼내 주기 위해 이종무 등이 왜구가 모여 있는 쓰시마섬을 공격했어요. 그 뒤 왜구의 힘이 약해지자 조선은 남해안의 부산포, 제포, 염포 등의 항구를 열어 일본과의 무역을 허락했어요.

북쪽의 여진도 조선 초기에는 조선과 좋은 관계로 지냈어요. 하지만 여진족도 조선에 자주 넘어와 먹을 것과 재물을 빼앗아 가며 피해를 주었어요. 이에 세종은 최윤덕 등에게 압록강 유역의 여진족을 몰아내게 한 다음, 군사 기지인 4군을 설치하도록 했어요. 또한 김종서 등에게 두만강 유역의 여진족을 몰아내게 한 뒤 6진을 설치했어요. 4군과 6진의 설치로 조선의 땅이 압록강과 두만강까지 넓어졌어요.

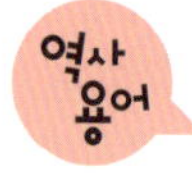

역사 용어

조공 강한 나라에게 약한 나라가 예물을 바치는 일.
무력 군사의 힘.

1 글을 읽으면서 빈칸에 들어갈 알맞은 말을 쓰세요.

조선은 주변 나라들에 [   ] 의 외교 정책을 폈어요.

2 조선이 어느 나라와 맺은 관계인지, 어떤 의미인지 써 보세요. 

사대: _______________________________________

교린: _______________________________________

3 조선이 왜구가 모여 있는 쓰시마섬을 공격한 이유는 무엇인지 써 보세요.

____

4 세종 때 여진족을 몰아낸 장군과 그곳에 설치한 것을 찾아 줄로 이으세요.

| 압록강 유역 | ● | ● | 김종서 | ● | ● | 4군 |
| 두만강 유역 | ● | ● | 최윤덕 | ● | ● | 6진 |

5 조선의 외교 정책에 대한 설명으로 맞으면 ○, 틀리면 ✕ 하세요.

① 명나라에 해마다 사신을 보내고 조공을 바쳤어요. --------------------- (   )

② 조선에 피해를 준 왜구를 혼내 주기 위해 쓰시마섬을 공격했어요. ---------- (   )

③ 여진하고는 싸움 없이 친하게 지냈어요. ------------------------------ (   )

④ 왜구 때문에 일본과는 전혀 교류하지 않았어요. ----------------------- (   )

> **역사 포인트** 조선은 주변 나라들과 사대교린의 외교 관계를 맺었어요. 세종 때 왜구를 없애기 위해 쓰시마섬을 공격했어요. 또 여진족을 몰아내고 4군과 6진을 설치했어요.

최고의 기술로 만든 조선의 **과학 기구**

세종 때에는 과학 기술이 발달해 수많은 과학 기구가 만들어졌어요. 특히 천문과
기상을 관측하는 일은 농사짓는 일과 관련이 있어 매우 중요하게 여겨졌어요. 혼천의,
간의 등의 다양한 천문 관측기구와 빗물의 양을 재는 측우기가 만들어졌어요.
이 밖에도 시각을 알려 주는 앙부일구와 자격루 등이 만들어졌어요.

간의
천체의 위치를 측정하기 위해 만든 관측기구로,
이것도 이천과 장영실이 만들었어요.

측우기
빗물의 양을 재는 기구로, 비가 온 뒤
둥근 통 속의 빗물 양을 자로 쟀어요.
서양보다 200여 년이나 앞선 강우량
측정 기구예요.

혼천의
천체의 운행과 그 위치를 측정하기
위해 만든 관측기구로, 이천과 장영실이
만들었어요.

자격루
물이 흐르는 것을
이용해 시각을 알려 주는
자동 물시계예요.

앙부일구
가마솥이 하늘을 우러르고 있는 모양의
해시계라는 뜻으로, 태양의 움직임에
따라 생기는 그림자로 시각을 알 수
있어요.

초성 퀴즈를 풀어라!

글을 읽고, 무엇을 설명하고 있는지 초성을 참고해 빈칸에 알맞은 답을 쓰세요.

천체의 운행과 그 위치를 측정하기 위해
만든 관측기구는?

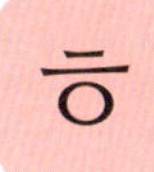  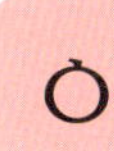

서양보다 200여 년이나 앞선 강우량
측정 기구는?

  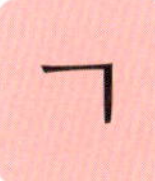

가마솥이 하늘을 우러르고 있는 모양의
해시계는?

 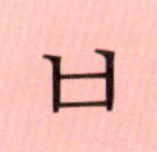 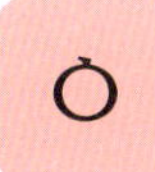 

장영실이 발명한 자동 물시계는?

 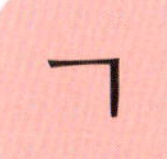 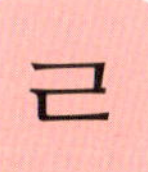

괄호에 들어갈 알맞은 말을 보기 에서 찾아 쓰면서 '조선의 문화와 과학 기술 발전'과 '주변 나라와의 관계'에 대해 정리해 보세요.

조선의 문화와 과학 기술 발전

세종

① 세종과 집현전 학사들은 우리나라 사정에 맞는 농사책 (   )을 펴냈다.

집현전 설치

② 젊고 똑똑한 (   )들이 학문과 정책을 연구한 곳이다.

『고려사』, 『용비어천가』, 『의방유취』, 『삼강행실도』 등의 책을 편찬했다.

장영실

과학 기술 발전

훈민정음 창제

③ 훈민정음은 (   )을 가르치는 바른 소리라는 뜻이다.

1443년, 세종과 집현전 학사들이 28자의 새로운 글자를 만들었다.

1446년, 훈민정음을 반포했다.

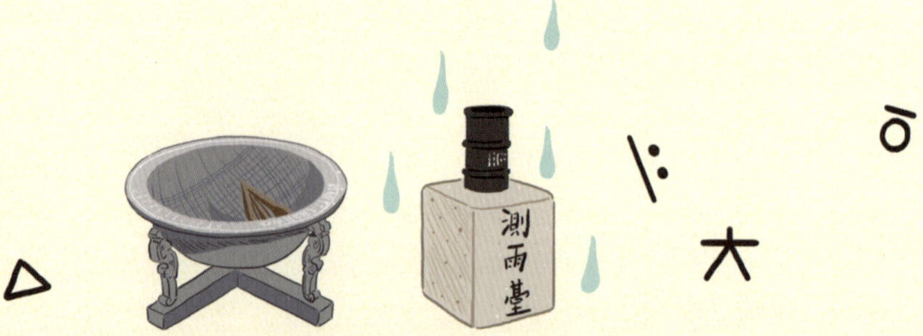

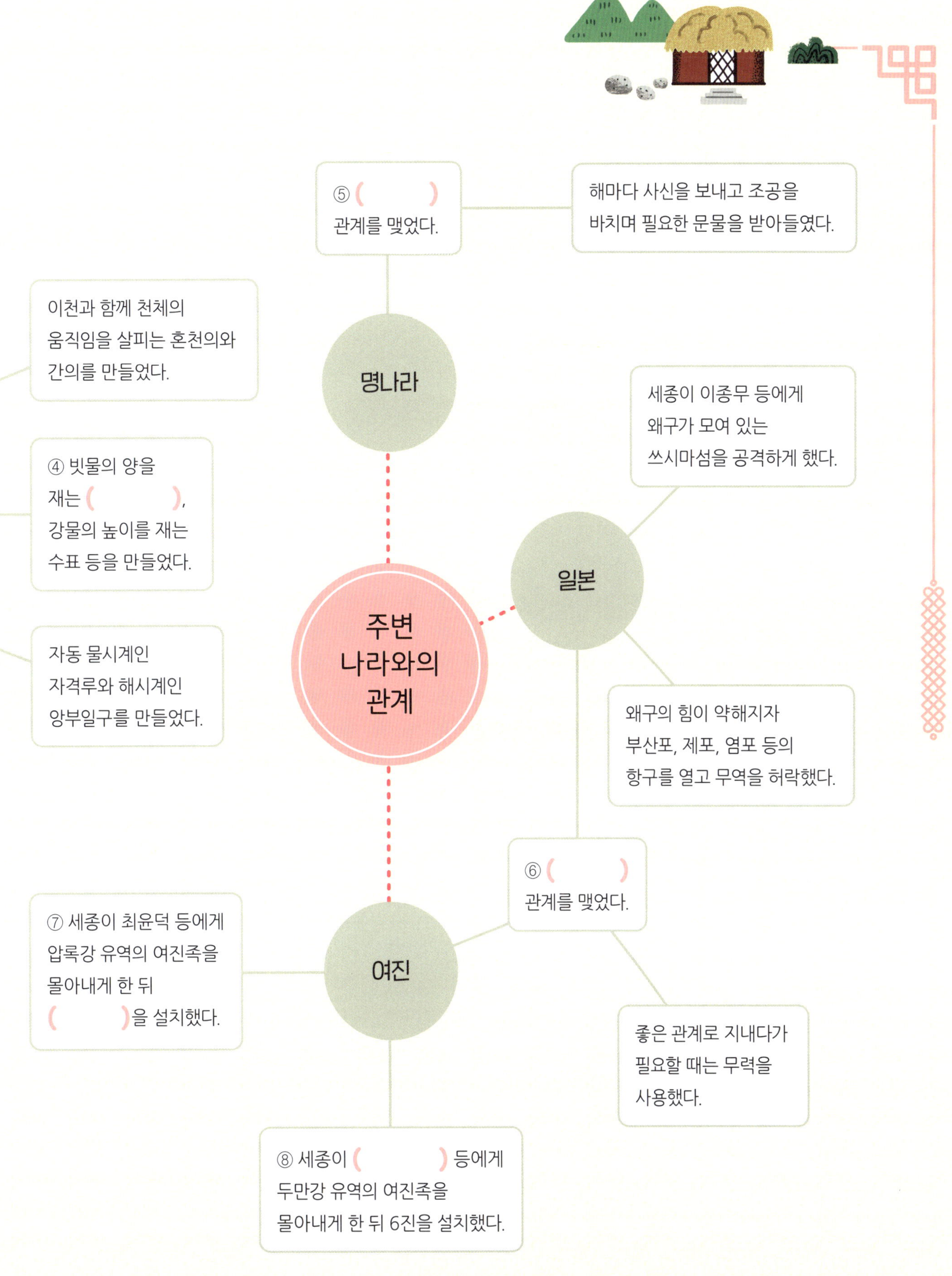

⑤ (   ) 관계를 맺었다.
해마다 사신을 보내고 조공을 바치며 필요한 문물을 받아들였다.
이천과 함께 천체의 움직임을 살피는 혼천의와 간의를 만들었다.
명나라
세종이 이종무 등에게 왜구가 모여 있는 쓰시마섬을 공격하게 했다.
④ 빗물의 양을 재는 (   ), 강물의 높이를 재는 수표 등을 만들었다.
일본
자동 물시계인 자격루와 해시계인 앙부일구를 만들었다.
주변 나라와의 관계
왜구의 힘이 약해지자 부산포, 제포, 염포 등의 항구를 열고 무역을 허락했다.
⑥ (   ) 관계를 맺었다.
⑦ 세종이 최윤덕 등에게 압록강 유역의 여진족을 몰아내게 한 뒤 (   )을 설치했다.
여진
좋은 관계로 지내다가 필요할 때는 무력을 사용했다.
⑧ 세종이 (   ) 등에게 두만강 유역의 여진족을 몰아내게 한 뒤 6진을 설치했다.

보기   『농사직설』 교린 백성 4군 사대 김종서 학사 측우기

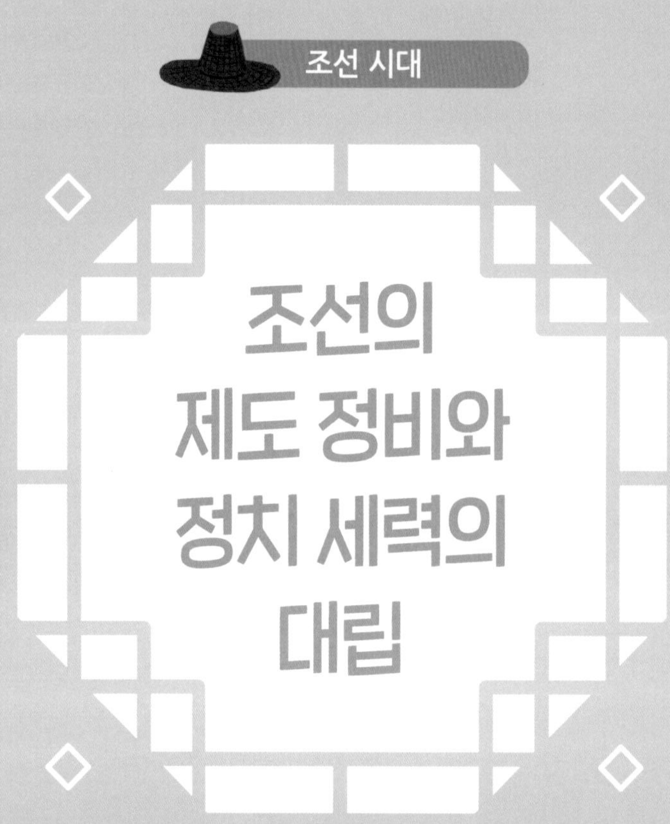

조선의 제도 정비와 정치 세력의 대립

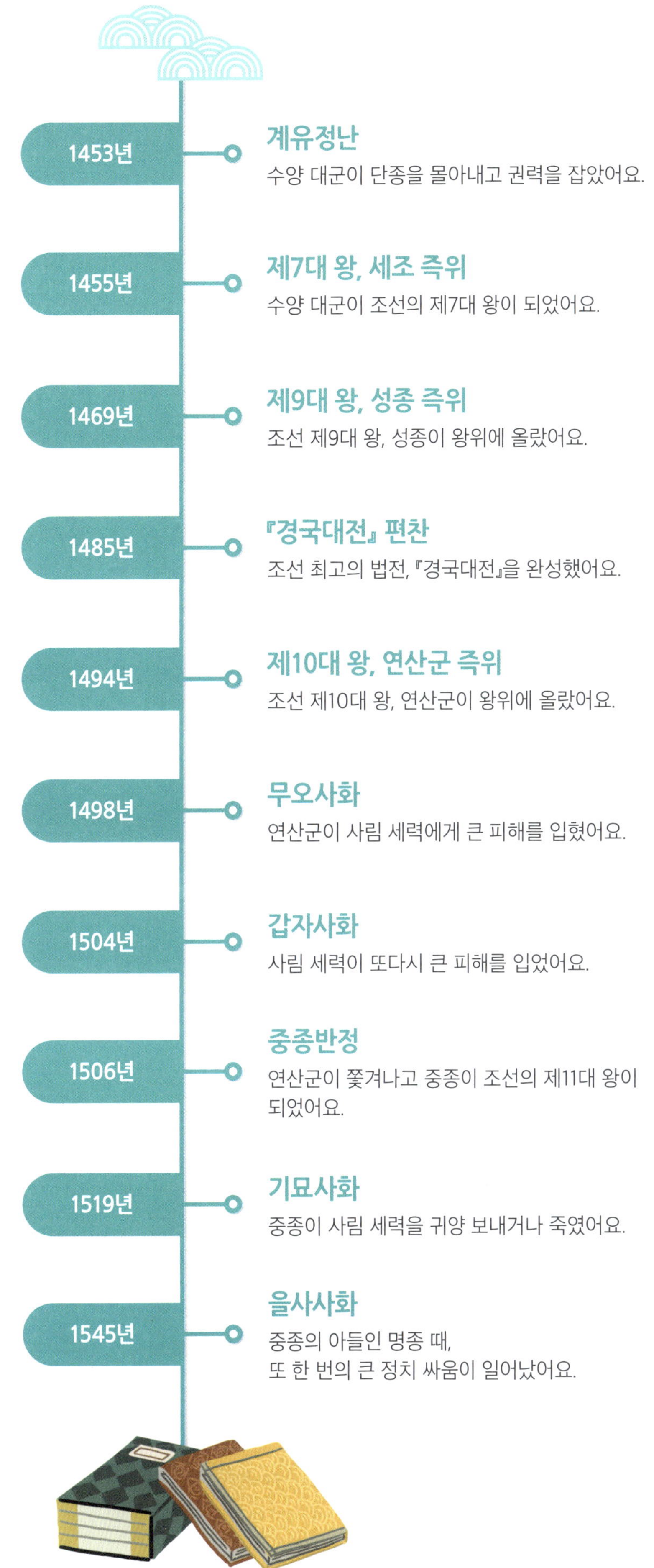

1453년
계유정난
수양 대군이 단종을 몰아내고 권력을 잡았어요.

1455년
제7대 왕, 세조 즉위
수양 대군이 조선의 제7대 왕이 되었어요.

1469년
제9대 왕, 성종 즉위
조선 제9대 왕, 성종이 왕위에 올랐어요.

1485년
『경국대전』 편찬
조선 최고의 법전, 『경국대전』을 완성했어요.

1494년
제10대 왕, 연산군 즉위
조선 제10대 왕, 연산군이 왕위에 올랐어요.

1498년
무오사화
연산군이 사림 세력에게 큰 피해를 입혔어요.

1504년
갑자사화
사림 세력이 또다시 큰 피해를 입었어요.

1506년
중종반정
연산군이 쫓겨나고 중종이 조선의 제11대 왕이
되었어요.

1519년
기묘사화
중종이 사림 세력을 귀양 보내거나 죽였어요.

1545년
을사사화
중종의 아들인 명종 때,
또 한 번의 큰 정치 싸움이 일어났어요.

15 어린 조카에게 왕위를 빼앗은 수양 대군

세종의 뒤를 이어 왕이 된 문종은 몸이 허약해 왕위에 오른 지 2년 만에 세상을 떠났어요. 그 뒤 열두 살의 단종이 왕위에 올랐어요. 단종의 나이가 어리다 보니 신하인 김종서와 황보인이 단종을 대신해 나라를 이끌어 갔어요.

세종의 둘째 아들이자 단종의 작은아버지인 수양 대군은 왕위에 욕심이 있었어요. 그래서 1453년, 김종서와 황보인 등을 없애고 권력을 잡았어요. 이 일을 계유년에 반대파를 없앤 사건이라고 해서 '계유정난'이라고 해요.

계유정난이 일어난 뒤 수양 대군을 막을 사람은 아무도 없었어요. 어린 단종은 어쩔 수 없이 수양 대군에게 왕위를 넘겨주었어요. 수양 대군은 이렇게 왕이 되었는데, 그가 바로 조선의 일곱 번째 왕 세조예요.

세조가 왕이 된 것을 반대하는 사람들도 있었어요. 성삼문, 박팽년, 이개, 하위지, 유응부, 유성원 등은 단종을 다시 왕으로 세우려고 계획했어요. 하지만 세조에게 계획을 들키는 바람에 모두 목숨을 잃고 말았어요. 죽음으로 단종에게 충성심을 지킨 이 여섯 명의 신하를 일컬어 '사육신'이라고 불러요.

얼마 뒤 단종은 강원도 영월의 청령포로 귀양을 가게 되었어요. 그곳에서 쓸쓸히 지내던 단종은 열일곱 살의 나이로 삶을 마치고 말았어요.

단종이 귀양을 간 강원도 영월의 청령포

역사 용어

왕위 왕의 자리.
귀양 죄지은 사람을 먼 시골이나 섬에 보내 일정한 기간 동안 그곳에서 살게 하는 벌.

1 세종 다음으로 조선의 왕이 된 순서대로 빈칸에 이름을 쓰세요.

세종 → ☐ → ☐ → ☐

2 나이가 어린 단종을 대신해 나라를 이끈 두 명의 신하 이름을 쓰세요.

☐☐☐ , ☐☐☐

3 계유정난이 어떤 사건인지 설명하는 글을 써 보세요. 

- -

- -

4 사육신이라 일컬어지는 여섯 명의 신하를 모두 찾아 ◯ 하세요.

| 성삼문 | 김종서 | 유응부 | 유성원 |
| 이개 | 하위지 | 신숙주 | 박팽년 |

5 수양 대군에 대한 설명으로 옳지 <u>않은</u> 것을 고르세요. (   )

① 세종의 둘째 아들이에요.

② 조카인 단종을 도와 나라를 잘 이끌어 갔어요.

③ 계유정난으로 권력을 잡고, 단종에게 왕위를 넘겨받았어요.

④ 조선의 일곱 번째 왕이 되었어요.

역사 포인트 · 수양 대군은 계유정난으로 권력을 잡은 뒤 단종에게 왕위를 넘겨받아 왕이 되었어요. 바로 조선의 제7대 왕 세조예요.

16 조선 최고의 법전인 경국대전!

　　1485년, 성종은 『경국대전』을 펴냈어요. 『경국대전』은 조선 최고의 법전으로, 세조 때 만들기 시작해 성종 때 비로소 완성되었어요.

　　『경국대전』은 중앙의 행정 조직인 6조의 체제에 맞추어 모두 6전으로 구성되었어요. 관리들의 조직과 임명에 관한 법인 '이전', 나라 살림과 세금에 관한 법인 '호전', 과거 제도와 결혼, 제사에 관한 법인 '예전', 군사 제도에 관한 법인 '병전', 형벌과 재판, 노비에 관한 법인 '형전', 교통과 도량형에 관한 법인 '공전'으로 되어 있어요.

　　『경국대전』에는 유교를 중심으로 나라를 다스리고 사회 질서를 유지하는 데 필요한 여러 가지 규정이 담겨 있어요. 그 내용을 몇 가지 살펴보면, 호전에 땅과 집을 사거나 팔면 100일 안에 관청에 보고해야 한다는 규정이 있어요.

　　예전에는 남자는 15세, 여자는 14세가 되어야 혼인할 수 있다는 규정이 있어요. 또 뇌물을 받은 관리의 자식은 과거 시험을 볼 수 없다는 규정도 있지요.

　　형전에는 여자 노비가 임신을 하면 총 80일의 휴가를 주는데 아이를 낳기 전 30일, 낳은 뒤 50일을 주었고, 그 남편에게도 부인이 아이를 낳은 뒤 15일의 휴가를 준다는 규정이 있어요.

　　『경국대전』은 조선 왕조가 이어지는 500여 년 동안 나라를 다스리는 데 중요한 역할을 했어요.

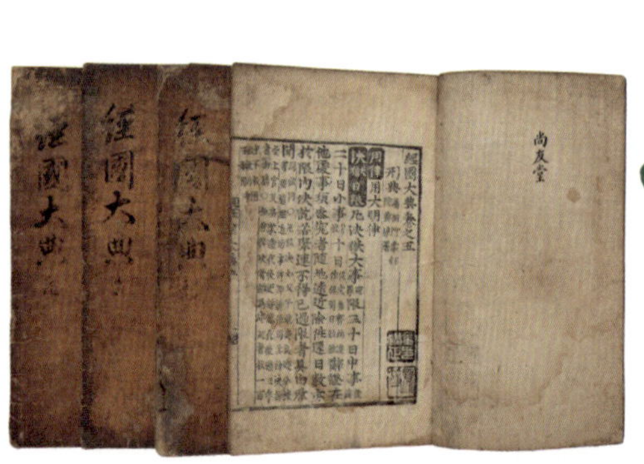

『경국대전』

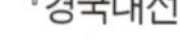

역사
용어

성종 조선 제9대 왕. 『경국대전』을 편찬하고, 여러 제도를 정비함.
도량형 길이, 부피, 무게 따위의 단위를 재는 법.
뇌물 어떤 자리에 있는 사람에게 원하는 것을 부탁하면서 주는 돈이나 물건.

1 조선 최고의 법전은 무엇인지 쓰세요.

2 글을 읽으면서 빈칸에 들어갈 알맞은 말을 쓰세요.

『경국대전』은 　　　　　 때 만들기 시작해 　　　　　 때 완성되었어요.

3 『경국대전』을 구성하는 6전의 이름을 모두 쓰세요.

　　　　, 　　　　, 　　　　, 　　　　, 　　　　, 　　　　

4 『경국대전』에 있는 '여자 노비가 임신했을 때 휴가'에 관한 규정을 써 보세요. 

5 『경국대전』에 대한 설명으로 옳은 것을 모두 고르세요. (　　　, 　　　)

① 유교를 중심으로 나라를 다스리는 데 필요한 규정이 담겨 있었어요.

② 불교를 널리 퍼뜨리려고 만들었어요.

③ 조선 왕조가 이어지는 동안 중요한 역할을 했어요.

④ 조선에서 가장 인기 있던 이야기책이었어요.

역사 포인트 세조 때 만들기 시작하여 성종 때 완성된 『경국대전』은 유교를 중심으로 나라를 다스리고 사회 질서를 유지하는 데 중요한 역할을 했어요.

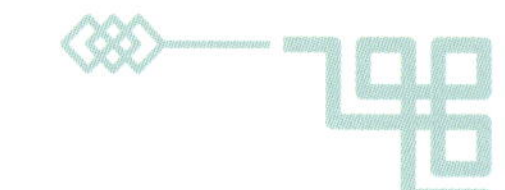

17 조선에는 어떤 교육 기관이 있었을까?

조선은 유학을 가르치고 나랏일을 할 관리를 키우기 위해 한양과 지방에 교육 기관을 두었어요. 한양에는 최고 교육 기관인 성균관이 있었어요. 성균관은 오늘날의 대학교와 같은 곳이에요. 전국에서 소과에 합격한 200여 명의 유생들이 성균관에서 공부했어요. 성균관 유생들은 유학 경전을 공부하며 과거에 합격해 관리가 되기 위해 힘을 쏟았어요.

지방에는 오늘날의 중·고등학교에 해당하는 향교를 두었어요. 향교는 서당에서 공부를 마친 학생들이 다닐 수 있는 곳으로, 큰 마을마다 하나씩 있었어요. 『대학』, 『논어』, 『맹자』 등 유학 경전을 배웠고, 훌륭한 업적을 남긴 유학자들에게 제사도 지냈어요.

오늘날의 초등학교에 해당하는 교육 기관은 바로 서당이에요. 주로 책을 읽고, 외우며, 뜻을 풀이하는 공부를 했어요. 또 한자를 쓰며 글을 짓는 것도 배웠어요.

서당에서 가장 먼저 배우는 책은 『천자문』이었어요. 천자문을 다 배우면 유학의 기초가 담긴 『명심보감』이나 『소학』 등을 배웠어요. 한 권의 책을 다 배운 학생이 떡을 해 와 다 함께 나누어 먹는 책거리를 했어요.

서당에서는 다양한 나이의 학생들이 함께 공부를 했고, 학생들마다 공부하는 단계가 다르기도 했어요. 주로 양반의 자식이 다녔지만, 상민의 자식도 다닐 수 있었어요.

성균관 명륜당

소과 과거에서 문과 시험 중 처음 보는 시험으로, 소과에 합격해야 대과를 볼 수 있었음.
유생 유학을 공부하는 선비.
천자문 한자를 처음 배우는 사람들이 주로 보던 책으로, 1,000자의 한자로 이루어짐.

1 글을 읽으면서 빈칸에 들어갈 알맞은 말을 쓰세요.

　　　　　　　은 조선 최고의 교육 기관으로, 오늘날의 대학교와 같은 곳이에요.

2 오늘날의 교육 기관에 해당하는 조선 시대 교육 기관을 쓰세요.

- 오늘날의 중·고등학교에 해당하는 교육 기관
- 오늘날의 초등학교에 해당하는 교육 기관

3 각 교육 기관에서 어떤 책을 배웠는지 두 가지씩 써 보세요.

향교:

서당:

4 서당에 다니는 학생들의 나이와 신분은 어땠는지 써 보세요. … 수행평가 대비

5 서당에 대한 설명으로 맞으면 ○, 틀리면 ✕ 하세요.

① 가장 먼저 배우는 책은 『천자문』이었어요. ────────── (　　)
② 양반의 자식들만 다닐 수 있었어요. ────────── (　　)
③ 주로 책을 읽고, 외우며, 뜻을 풀이했어요. ────────── (　　)
④ 학생들은 모두 공부하는 단계가 같았어요. ────────── (　　)

역사 포인트 조선에는 성균관, 향교, 서당 같은 교육 기관이 있었어요. 서당은 오늘날의 초등학교와 같은 곳으로, 주로 양반의 자식이 다녔는데 상민의 자식도 다닐 수 있었어요.

관리를 뽑는 과거 시험

조선은 과거 시험으로 관리를 뽑았어요. 과거 시험은 주로 양반들이 보았어요. 과거 시험은 3년마다 시행하는 것이 원칙이었지만, 나라에 경사가 있거나 특별한 일이 있을 때도 치러졌어요.

과거 시험에는 크게 문신을 뽑는 문과, 무신을 뽑는 무과 그리고 의학, 외국어, 천문학 등에 관련된 일을 하는 기술관을 뽑는 잡과가 있었어요. 그중에서 문과를 가장 중요하게 생각했어요.

문과에서는 유학 경전에 대한 지식이 얼마나 뛰어난지, 글을 짓는 능력이 어떠한지를 평가했어요. 문과는 소과와 대과 2단계의 시험을 치러야 했어요. 소과에서는 초시와 복시 시험을 차례로 치렀는데 이 소과에 합격해야만 대과를 볼 수 있었어요.

무과에서는 말타기와 활쏘기, 격구 등의 시험을 보았어요. 무과는 학문보다는 무술 실력이 중요했어요. 잡과는 주로 중인 신분의 사람들이 보았어요. 잡과에 합격을 하더라도 낮은 벼슬에 머물며 좋은 대우를 받지 못했어요.

과거 시험에서 일등으로 합격해 장원 급제자가 되면 왕에게 합격증인 홍패와 함께 어사화를 받았어요. 장원 급제자는 고향에 내려가 어사화를 꽂은 관을 쓴 채 말을 타고 사흘 동안 거리 행진을 하기도 했어요.

조선은 과거 시험으로 유학 경전의 지식이 뛰어난 관리를 뽑아 유교를 근본으로 나라를 다스렸어요.

문과

무과

시행 실지로 행함.
격구 말을 타고 긴 막대기로 공을 쳐서 상대방의 골문에 넣는 경기.
어사화 장원 급제한 사람에게 왕이 내리는 종이꽃.

1 글을 읽고, 관계있는 과거 시험을 쓰세요.

- 문신을 뽑는 시험

- 무신을 뽑는 시험

- 의학, 외국어, 천문학 등에 관련된 일을 하는 기술관을 뽑는 시험

2 문과 시험에서는 무엇을 평가했는지 써 보세요. 

3 무과 시험에서 주로 본 것을 모두 고르세요. (,   ,   )

① 말타기   ② 활쏘기   ③ 외국어 통역하기   ④ 격구

4 과거 시험에서 일등을 한 장원 급제자가 왕에게 받은 것은 무엇인지 두 가지 쓰세요.

5 조선 시대의 과거 시험에 대한 설명으로 옳지 <u>않은</u> 것을 모두 고르세요. (,   )

① 과거 시험에서 기술관을 뽑는 잡과를 중요하게 여겼어요.
② 과거 시험에서 문과는 소과와 대과를 치러야 했어요.
③ 과거 시험은 1년마다 시행하는 것이 원칙이었어요.
④ 과거 시험으로 유학 경전의 지식이 뛰어난 관리를 뽑을 수 있었어요.

> **역사 포인트**
> 조선은 과거 시험으로 문신, 무신, 기술관 등을 뽑았어요.
> 과거 시험으로 유학 경전의 지식이 뛰어난 관리를 뽑을 수 있었어요.

19 사림은 어떤 사람들일까?

세조는 자신이 왕이 되는 데 큰 공을 세운 신하들에게 높은 벼슬과 재산을 내렸어요.

"짐이 왕이 되는 데 그대들 공이 컸다. 내 그대들을 공신으로 삼고, 상으로 땅과 노비를 내리겠노라."

이때부터 높은 벼슬은 공신들이 모두 차지하게 되었어요. 이 공신들을 '훈구'라고 불렀는데 대표적인 사람으로 한명회, 권람, 정인지, 신숙주가 있어요. 훈구 세력은 자신들의 높은 벼슬을 이용해 재물을 끌어모았어요. 나랏일이나 백성을 살피는 일보다는 자신들의 권력을 지키는 데에만 신경을 썼어요.

지방에는 조선을 세우는 것에 반대하던 온건파 신진 사대부인 정몽주, 길재의 학문을 이어받은 학자들이 있었어요. 이 학자들을 가리켜 '사림'이라고 해요. 사림은 유학 경전을 공부하며 나라에 충성하고 부모에게 효도하는 것을 중요하게 여겼어요.

조선의 아홉 번째 왕인 성종은 사림을 관리로 많이 뽑았어요. 훈구 세력을 누르고 왕권을 안정시켜 유교 정치를 펼치기 위해서였지요. 조정에 나와 정치를 하게 된 사림 세력은 부정부패를 일삼는 훈구 세력을 거세게 비판했어요. 사림 세력은 왕의 높은 도덕성을 바탕으로 신하와 협력해 백성을 바르게 다스리는 왕도 정치를 추구했거든요. 훈구 세력은 이런 사림 세력을 못마땅하게 여겼어요. 훈구 세력과 사림 세력의 대립은 날이 갈수록 심해졌어요.

공신 뛰어난 공을 세운 신하.
재물 돈이나 그 밖의 값나가는 모든 물건.
조정 왕이 신하들과 나랏일을 하는 곳.

1 훈구 세력에 대한 설명으로 옳지 <u>않은</u> 것을 고르세요. (　　　　)

① 세조가 왕이 되는 데 큰 공을 세운 신하들이에요.
② 높은 벼슬을 차지하고, 재물을 끌어모았어요.
③ 나랏일보다 자신들의 권력을 지키는 데에만 신경을 썼어요.
④ 온건파 신진 사대부의 학문을 이어받은 학자들이에요.

2 훈구 세력의 대표적인 인물을 써 보세요.

3 글을 읽으면서 빈칸에 들어갈 알맞은 말을 쓰세요.

　　　　　　은 지방에서 정몽주, 길재 등의 학문을 이어받아 유학 경전을 공부하던 학자들이에요.

4 성종은 왜 사림을 관리로 뽑았는지 써 보세요. ···수행평가 대비

5 글을 읽으면서 왕도 정치가 무엇인지 빈칸에 들어갈 알맞은 말을 쓰세요.

왕도 정치는 왕의 　　　　　　을 바탕으로 신하와 　　　　　　해 백성을 바르게 다스리는 것이에요.

역사 포인트
성종 때부터 지방에 머물며 유학 경전을 공부하던 사림이 정치를 하게 되었어요. 사림 세력은 부정부패를 일삼는 훈구 세력을 비판했어요.

사림 세력이 탄압을 받았던 사화

사림 세력과 훈구 세력의 갈등과 대립은 연산군이 왕위에 오른 뒤 점점 심해졌어요. 훈구 세력이 사림 세력을 공격했고, 연산군 역시 자신을 비판하는 사림 세력을 미워했기 때문이에요. 결국 사림 세력이 몇 차례 큰 피해를 입었어요. 이런 사건을 선비들이 화를 입었다는 뜻으로 '사화'라고 해요.

첫 번째 사화는 무오년인 1498년에 일어난 무오사화예요. 사림 세력을 몰아낼 기회를 엿보던 훈구 세력은 사림 세력의 김종직이 세조를 비판하는 글을 썼다고 연산군에게 아뢰었어요. 연산군은 자신의 증조할아버지인 세조를 비판한 사림들을 죽이거나 귀양을 보냈어요.

두 번째 사화는 1504년에 일어났어요. 연산군은 자신의 어머니 윤씨가 억울하게 왕비의 자리에서 쫓겨나 죽게 된 사실을 알게 되었어요. 화가 난 연산군은 이 일과 관련된 신하들을 모조리 죽였어요. 갑자년에 일어난 이 사건을 갑자사화라고 해요.

세 번째 사화는 중종 때 일어났어요. 중종은 사림 세력인 조광조를 앞세워 개혁을 펼쳤어요. 하지만 이 개혁에 불만이 쌓인 훈구 세력은 중종에게 조광조가 왕의 자리를 차지하려 한다는 거짓 사실을 아뢰었어요. 화가 난 중종은 조광조와 그를 따르는 사림들을 반역죄로 귀양 보내거나 죽였어요. 이 사건을 기묘사화라고 해요.

마지막 사화는 중종의 아들인 명종 때 일어났어요. 명종의 어머니 문정 왕후와 동생 윤원형이 반대파였던 사림들을 없애 버렸어요. 이를 을사사화라고 해요.

거듭된 사화로 사림은 정치에서 물러나게 되었어요. 하지만 조용히 때를 기다렸던 사림 세력은 선조 때 다시 조정에 등장해 권력을 잡았어요.

김종직 문신이며 사림 세력의 학자. 그가 지은 「조의제문」이 무오사화의 원인이 됨.
조광조 중종 때 유교적 이상 정치를 하기 위해 조정에 나옴. 기묘사화로 화를 당함.

1 사화가 무엇인지 설명하는 글을 써 보세요. ···수행평가 대비

- -

2 연산군이 왕위에 오른 뒤 사림과 훈구 세력의 대립이 더 심해진 이유는 무엇인지 써 보세요.

- -

3 조선 시대에 있었던 네 번의 사화를 일어난 순서대로 쓰세요.

	→		→		→	

4 기묘사화에 대해 설명하는 글을 읽고, <u>이 사람</u>이 누구인지 쓰세요.

> 중종이 사림 세력인 <u>이 사람</u>을 앞세워 개혁을 펼쳤는데, 개혁에
> 불만이 쌓인 훈구 세력이 <u>이 사람</u>을 반역죄로 몰아냈어요.

5 사화에 대한 설명으로 맞으면 ◯, 틀리면 ✗ 하세요.

① 사림 세력과 훈구 세력의 대립으로 일어났어요. - - - - - - - - - - - (　)
② 사화 이후 훈구 세력과 사림 세력이 사이좋게 정치를 했어요. - - - - - (　)
③ 사화 이후 사림은 모두 사라져 다시는 정치를 하지 못했어요. - - - - - (　)
④ 네 번의 사화로 사림 세력이 큰 피해를 입었어요. - - - - - - - - - - - (　)

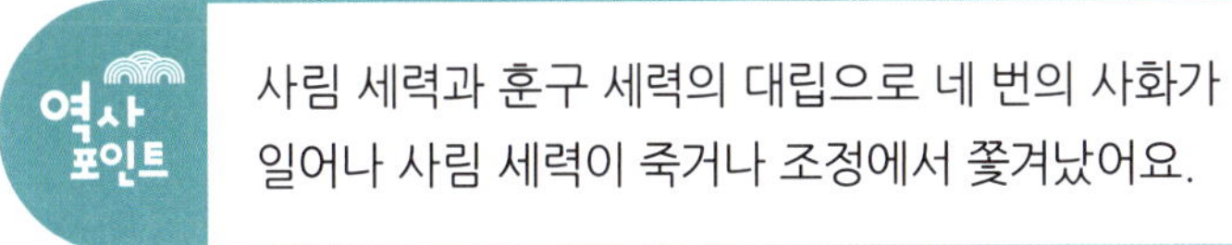

역사 포인트 사림 세력과 훈구 세력의 대립으로 네 번의 사화가 일어나 사림 세력이 죽거나 조정에서 쫓겨났어요.

선비들이 모여 학문을 연구한 **서원**

서원은 지방에 있던 교육 기관으로, 주로 관직에서 물러나 지방으로 내려간 사림이 세웠어요. 서원에서는 훌륭한 유학자의 제사를 지내고, 성리학을 연구하며, 양반 자식들을 가르쳤어요. 서원은 점차 전국 곳곳에 세워져 성리학 연구와 교육에 큰 역할을 했어요.

소수 서원

최초의 서원으로, 1543년 중종 때 주세붕이 백운동 서원이란 이름으로 세웠어요. 1550년에 명종이 직접 쓴 '소수 서원'이라는 편액을 내려 주었어요. 그 뒤로 소수 서원으로 이름이 바뀌었어요. 경상북도 영주시에 있어요.

명종이 내려 준 편액

도산 서원

선조 때인 1574년, 조선 최고의 유학자인 퇴계 이황을 기리기 위해 세운 서원이에요. 퇴계 선생이 제자들을 가르치던 도산 서당도 함께 있어요. 경상북도 안동시에 있어요.

도산 서원 안에 있는 도산 서당

병산 서원

풍산 류씨의 교육 기관이었는데, 임진왜란 때 영의정이었던 서애 류성룡의 권유에 따라 현재의 위치로 옮겼어요. 경상북도 안동시에 있어요.

병산 서원의 복례문

길을 찾아라!

글을 읽고, ○✕ 중 맞는 쪽으로 길을 찾아가세요.

최초의 서원은
주세붕이 세운
백운동 서원이에요.

도산 서원은
퇴계 이황을 기리기
위해 세운 서원이에요.

소수 서원은 경상북도
안동시에 있어요.

병산 서원은
소수 서원과 같은
지역에 있어요.

서원은
성리학 연구와 교육에
큰 역할을 했어요.

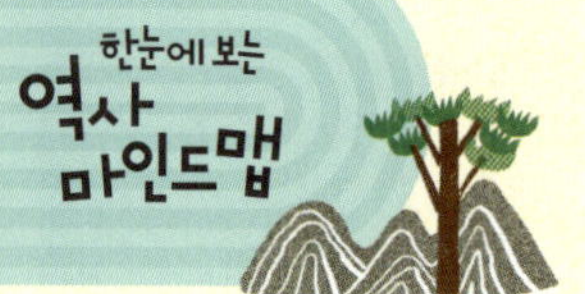

괄호에 들어갈 알맞은 말을 보기 에서 찾아 쓰면서 '제도 정비'와 '정치 세력의 대립'에 대해 정리해 보세요.

① 조선 최고의 (   )으로, 모두 6전으로 구성되었다.

② (   ) 때부터 만들기 시작해 성종 때 완성되었다.

수양 대군이 계유정난을 일으킨 뒤, 단종에게 왕위를 넘겨받았다.

유교를 중심으로 나라를 다스리고 사회 질서를 유지하는 데 필요한 여러 가지 규정이 담겨 있다.

『경국대전』 편찬

세조

제도 정비

③ 한양에 조선 최고의 교육 기관인 (   )이 있었다.

과거 제도

지방에는 오늘날의 중·고등학교에 해당하는 향교가 있었다.

교육 기관

④ 오늘날의 초등학교에 해당하는 (   )이 있었다.

문신을 뽑는 문과, 무신을 뽑는 무과, 기술관을 뽑는 잡과가 있었다.

문과에서는 유학 경전의 지식이 얼마나 뛰어난지, 글을 짓는 능력이 어떠한지를 평가했다.

무과에서는 말타기와 활쏘기, 격구 등의 시험을 보았다.

⑤ 잡과는 주로 (   ) 신분의 사람들이 보았다.

정치 세력의 대립

훈구 세력
- 세조가 왕이 되는 데 큰 공을 세운 신하로, 공신이라고도 했다.
- 높은 벼슬을 이용해 재물을 끌어모으고, 권력만 지키려고 했다.

사림 세력
- 지방에서 유학 경전을 공부했고, 나라에 충성하고 부모에게 효도하는 것을 중요하게 여겼다.
- ⑥ (   ) 때 훈구 세력을 누르고, 유교 정치를 펼치기 위해 이들을 관리로 뽑았다.
- ⑦ 부정부패를 일삼는 (   ) 세력을 비판했다.

무오사화
- 1498년, 연산군이 세조를 비판한 사림들을 죽이거나 귀양 보냈다.

갑자사화
- ⑧ 1504년, (   )이 자신의 어머니가 억울하게 쫓겨나 죽게 된 일을 알게 되어 관련된 신하들을 죽였다.

기묘사화
- 1519년, 중종이 조광조와 그를 따르는 사림들을 반역죄로 귀양을 보내거나 죽였다.

을사사화
- 1545년, 명종의 어머니 문정 왕후와 동생 윤원형이 반대파였던 사림들을 없앴다.

보기 서당 성종 법전 연산군 성균관 중인 훈구 세조

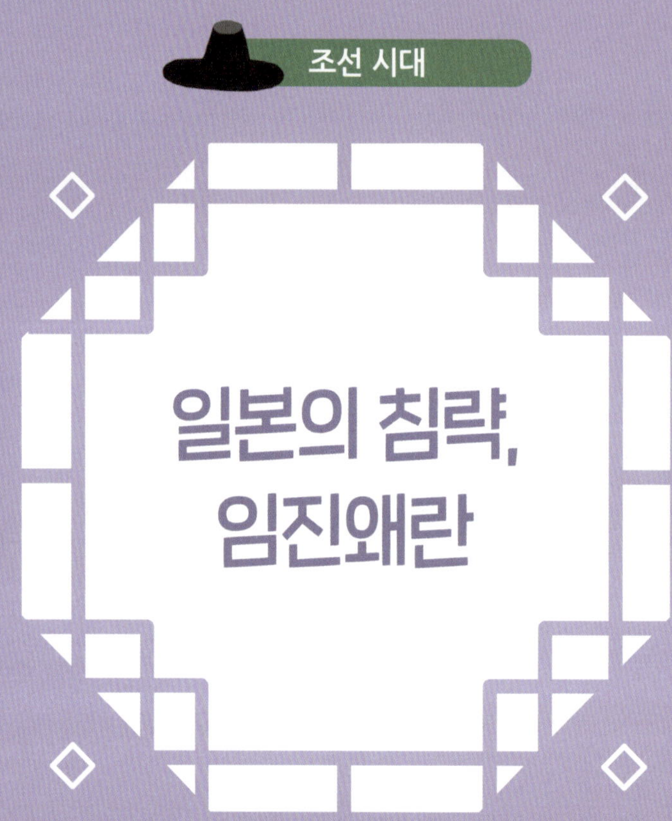

일본의 침략,
임진왜란

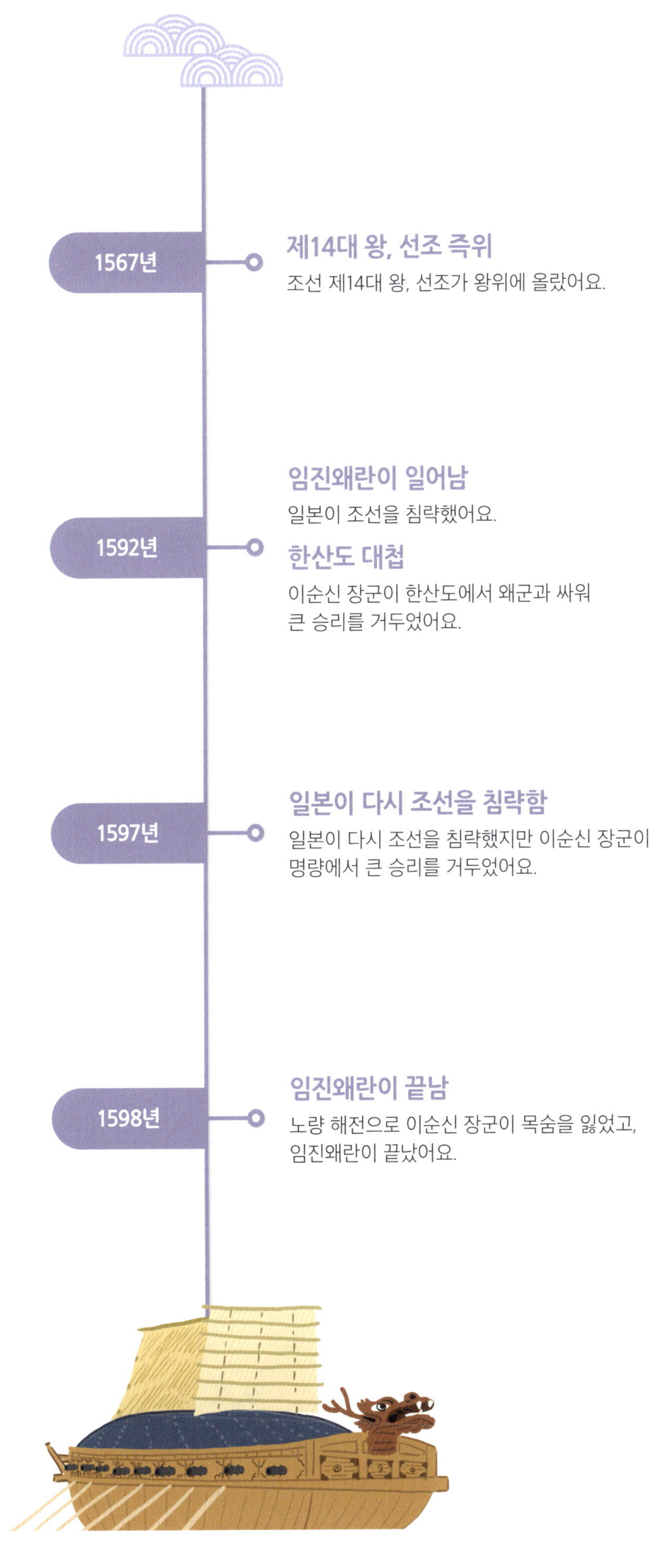

1567년

제14대 왕, 선조 즉위
조선 제14대 왕, 선조가 왕위에 올랐어요.

1592년

임진왜란이 일어남
일본이 조선을 침략했어요.

한산도 대첩
이순신 장군이 한산도에서 왜군과 싸워
큰 승리를 거두었어요.

1597년

일본이 다시 조선을 침략함
일본이 다시 조선을 침략했지만 이순신 장군이
명량에서 큰 승리를 거두었어요.

1598년

임진왜란이 끝남
노량 해전으로 이순신 장군이 목숨을 잃었고,
임진왜란이 끝났어요.

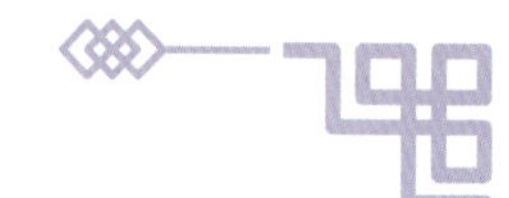

21 임진왜란은 왜 일어났을까?

1592년 4월, 일본군이 부산 앞바다로 쳐들어왔어요. 도요토미 히데요시는 혼란스럽던 일본을 통일한 뒤 정권을 잡았어요. 일본 내부의 불만 세력과 지방 세력의 관심을 밖으로 돌리고자 했던 그는 명나라로 가는 길을 내어 달라며 조선을 침략해 온 것이에요. 이 전쟁이 바로 '임진왜란'이에요.

당시 조선은 오랫동안 외적의 침입이 없어 전쟁에 대한 대비가 전혀 없었어요. 게다가 군대에 가는 대신 세금을 거두어들이는 제도를 시행하고 있던 터라 국방력도 약해진 상태였어요. 조선군은 부산진성과 동래성에서 일본군과 맞서 싸웠지만 막지 못했어요.

일본군은 한양을 향해 빠르게 올라갔어요.

나흘이 지난 뒤 전쟁 소식을 처음 전해 들은 조선 조정은 크게 놀랐어요. 선조는 급히 신립 장군을 충청도로 보냈어요. 하지만 신립은 충주 탄금대에서 일본군에게 크게 지고 말았어요. 조선군은 조총이라는 새로운 무기로 무장한 일본군을 당해 낼 수가 없었어요. 굳게 믿고 있던 신립의 패배 소식에 선조와 신하들은 허둥지둥 평양으로 피란을 떠났어요.

"임금이 피란을 떠났다! 백성을 버렸다!"

분노한 백성들은 비어 있는 관리들의 집과 경복궁에 불을 질렀어요. 며칠 뒤 한양에 도착한 일본군은 텅 빈 한양을 손쉽게 차지했어요. 일본군은 거침없이 평양과 함경도를 향해 올라갔어요. 선조는 또다시 피란길에 올랐어요. 압록강 근처 국경인 의주까지 간 선조는 부랴부랴 사신을 보내 명나라에 군사를 요청했어요.

도요토미 히데요시 일본의 전국 시대를 통일하고 임진왜란을 일으킴.

조총 나는 새를 쏘아 떨어뜨릴 수 있을 만큼 뛰어난 총이라는 뜻으로, 임진왜란 때 일본군이 많이 사용함.

피란 전쟁을 피해 안전한 곳으로 옮겨 가는 것.

1 글을 읽으면서 빈칸에 들어갈 알맞은 말을 쓰세요.

일본의 도요토미 히데요시가 명나라로 가는 길을 내어 달라며 조선을 침략한 전쟁이

이에요.

2 임진왜란이 일어났을 당시 조선의 상황은 어땠는지 써 보세요.   ···수행평가 대비

3 임진왜란이 일어났을 때에 대한 설명으로 옳지 <u>않은</u> 것을 고르세요. (   )

① 조선군은 부산진성과 동래성에서 일본군과 맞서 싸웠으나 막지 못했어요.
② 조선의 신립 장군이 충주 탄금대에서 일본군을 막아 냈어요.
③ 새로운 무기인 조총으로 무장한 일본군은 한양을 거쳐 평양까지 올라갔어요.
④ 선조는 북쪽의 의주까지 피란을 갔어요.

4 임진왜란 때 백성들이 선조에게 분노한 이유는 무엇인지 써 보세요.   ···수행평가 대비

5 임진왜란과 관계있는 지역을 찾아 줄로 이으세요.

| 일본군이 가장 처음 침략한 지역 | • | • | 의주 |
| 선조가 피란을 가 명나라에 군사를 요청한 지역 | • | • | 부산 |

역사 포인트 1592년, 일본의 도요토미 히데요시는 명나라로 가는 길을 내어 달라며 조선을 침략해 임진왜란을 일으켰어요.

22

큰 승리를 거두었던 한산도 대첩

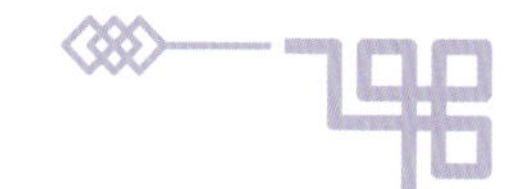

이순신은 전라 좌도 수군절도사였어요. 임진왜란이 일어나기 전부터 식량을 저장해 두고, 배를 수리하며 전쟁에 대비했어요.

일본이 쳐들어오자 이순신은 경상도와 전라도의 수군을 이끌고 옥포에서 첫 승리를 거두었어요. 그 뒤 사천, 당포 등 가는 곳마다 큰 승리를 거두었어요. 이순신이 이끄는 수군은 잘 훈련된 일본군에게 맥을 못 추는 조선의 육군과는 상황이 달랐지요.

1592년 7월 8일, 이순신은 견내량에 있던 수십여 척의 일본군 배를 도망가는 척하며 한산도 앞바다로 꾀어냈어요. 견내량은 물길이 좁고 작은 섬이 많아 몸체가 큰 조선의 배 판옥선이 움직이기 힘들었기 때문이에요. 일본군의 배가 계획대로 한산도 앞바다까지 쫓아 나오자 이순신이 신호를 보냈어요.

"자, 지금이다! 학익진 전술을 펼친다! 적의 배를 둘러싸라!"

둥둥, 북소리에 조선 수군이 뱃머리를 돌려 마치 학이 날개를 펼치는 모양으로 일본군의 배를 둘러쌌어요. 그리고 일본군의 배를 향해 화포와 화살을 퍼부었지요. 예상하지 못한 공격에 일본군은 우왕좌왕하며 제대로 공격하지 못했어요.

이순신은 한산도 앞바다에서 일본군의 배 수십여 척을 쳐부수는 큰 승리를 거두었어요. 이 전투가 바로 그 유명한 '한산도 대첩'이에요.

이 승리로 일본의 수군은 북쪽으로 올라간 일본군에게 식량과 무기를 보내지 못하게 되어 공격의 기세가 꺾였어요.

학익진 전법

수군절도사 조선 시대 각 도의 수군을 총지휘하던 사령관.
견내량 경상남도 거제시의 서쪽에 있는 좁은 해협.
판옥선 갑판 위에 기둥을 세우고 그 위에 마루를 얹은 배로, 조선의 대표 전투선.

1 임진왜란에서 이순신이 첫 승리를 거둔 전투를 찾아 ◯ 하세요.

| 사천 해전 | 당포 해전 | 옥포 해전 | 부산포 해전 |

2 이순신이 한산도 앞바다에서 일본군에게 크게 승리한 전투는 무엇인지 쓰세요.

3 이순신이 일본군 배를 견내량에서 한산도 앞바다로 꾀어낸 이유는 무엇인지 써 보세요. ···· 수행평가 대비

4 이순신이 일본군의 배를 공격할 때 썼던 학익진은 어떤 전법인지 써 보세요. ···· 수행평가 대비

5 한산도 대첩에 대한 설명으로 맞으면 ◯, 틀리면 ✕ 하세요.

① 훌륭한 전술로 조선 수군이 일본군을 크게 이겼어요. ---------------- (   )
② 견내량에서 조선 수군이 일본군에게 크게 졌어요. ---------------- (   )
③ 한산도 앞바다에서 일본군의 배가 다섯 척 부수어졌어요. ---------------- (   )
④ 조선 수군이 승리해 일본군의 공격 기세가 꺾였어요. ---------------- (   )

> **역사 포인트**
> 조선 수군을 이끄는 이순신이 학익진 전법으로 한산도 앞바다에서 일본군에게 큰 승리를 거두었어요. 이것이 한산도 대첩이에요.

23

인간 이순신을 엿볼 수 있는 난중일기

이순신 장군은 본래 이름 없는 장수로 임진왜란이 일어나기 전까지는 크게 알려지지 않았어요. 31세라는 늦은 나이에 무과에 급제한 이순신은 나랏일을 하는 사람은 출세나 돈에 욕심을 내면 안 된다고 생각했어요. 그래서 모두가 가기 싫어하는 국경 지대나 험한 곳에서 지내며 가족과 떨어져 일했어요.

다행이 이순신의 능력을 알아봐 준 류성룡 덕분에 전라 좌도 수군절도사가 되었어요. 이순신은 류성룡과 임진왜란이 일어나기 1년 2개월 전부터 일본이 쳐들어올 것에 대비했어요. 일본을 주시하고 있던 류성룡과 이순신은 앞날을 내다본 것이에요.

난중일기는 이순신 장군이 임진왜란 중에 직접 쓴 일기예요. 임진왜란이 일어난 1592년 1월부터 임진왜란이 끝나기 직전인 1598년 11월까지 거의 날마다 적은 기록이에요. 이순신은 자신의 일기를 연도별로 구별해서 제목을 붙였고, 이렇게 쓴 일기를 모두 모아 후대 사람들이 '난중일기'라고 이름을 붙였어요.

난중일기에는 날마다의 전쟁 상황과 개인적인 느낌, 당시의 날씨와 지형, 서민들의 생활상까지 아주 꼼꼼하게 기록되어 있어요. 또 이순신이 직접 지은 시와 가족에 대한 그리움과 사랑도 기록되어 있어요.

위대한 장군 이순신의 모습은 물론이고 인간 이순신을 엿볼 수 있는 소중한 자료가 바로 난중일기예요.

『난중일기』

출세 사회적으로 높은 지위에 오르거나 유명하게 됨.
류성룡 조선 중기의 문신. 퇴계 이황이 큰 인물이 될 것이라 예언한 인물로 임진왜란에서 큰 공을 세움.

1 임진왜란이 일어나기 전 이순신의 상황과 맞지 <u>않는</u> 것을 고르세요. (   )

① 이순신은 이름이 알려지지 않은 장수였어요.

② 이순신은 한양의 중심에서 일을 했어요.

③ 이순신은 출세나 돈에 욕심을 내면 안된다고 생각했어요.

④ 이순신은 31세라는 늦은 나이에 무과에 급제했어요.

2 이순신의 능력을 알아봐 준 사람의 이름을 쓰세요.

(   )

3 난중일기의 설명으로 옳은 것을 모두 고르세요. (,   )

① 난중일기는 이순신 장군이 임진왜란 중에 직접 쓴 일기예요.

② 난중일기라는 이름은 후대 사람들이 지었어요.

③ 난중일기에는 이순신 장군의 개인적인 이야기만 기록되어 있어요.

④ 이순신 장군이 일주일에 한 개씩 일기를 썼어요.

4 난중일기에 기록된 내용은 무엇인지 세 가지 써 보세요.

- -

- -

5 난중일기가 소중한 자료로 평가받는 이유를 써 보세요. ...수행평가 대비

- -

- -

역사 포인트 난중일기는 이순신 장군이 임진왜란 중 직접 쓴 일기로, 위대한 장군 이순신의 모습과 인간 이순신을 엿볼 수 있는 소중한 자료예요.

24

의병은 왜 일어났을까?

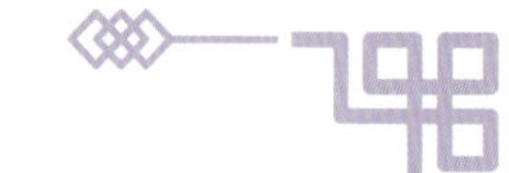

"내 나라와 내 고향은 내가 지킨다!"

임진왜란이 일어나자 전국 각지에서 의병이 일어났어요. 의병은 일본군과 맞서 싸우기 위해 스스로 일어난 사람들인데, 양반에서 승려, 천민에 이르기까지 다양했어요.

의병은 잘 훈련된 일본군에 비해 무기도 뒤떨어지고 체계적인 훈련도 받지 못한 사람들이었어요. 하지만 자신이 살고 있는 마을의 지리에 익숙하다는 장점이 있었어요. 의병은 주로 좁은 골짜기나 산길에 숨어 있다가 갑자기 공격하는 방법으로 일본군과 맞서 싸웠어요.

의병 중에서는 곽재우의 활약이 매우 뛰어났어요. 곽재우는 붉은 옷을 입고 싸워 붉은 옷을 입은 장군이란 뜻으로 '홍의 장군'이라고 불렸어요. 그는 경상도 의령에서 의병장이 되어 낙동강 근처에서 일본군을 무찔렀어요. 진주에서 김시민 장군을 도와 진주성을 지켜 내기도 했지요.

이 밖에도 경상도에서는 정인홍, 김해, 권응수 등이, 전라도에서는 김천일, 고경명 등이, 충청도에서는 조헌이, 황해도에서는 이정암이, 함경도에서는 정문부가 의병을 이끌고 일본군과 맞서 싸웠어요. 사명 대사 유정과 서산 대사 휴정도 승병을 이끌며 일본군과 싸웠지요. 일본군은 의병을 몹시 두려워했어요.

의병의 활약으로 일본군은 식량이 제대로 전달받지 못하는 등 큰 어려움에 빠졌어요.

곽재우 동상

김시민 조선 중기의 무신. 임진왜란 때 진주성 전투에서 일본군에게 목숨을 잃음.
조헌 옥천에서 의병을 일으킴. 금산에서 싸우다 700여 명의 의병과 함께 목숨을 잃음.
승병 승려들로 이루어진 군대.

1 글을 읽으면서 알맞은 말에 ◯ 하세요.

의병은 (**명나라군** / **일본군**)과 맞서 싸우기 위해 전국 각지에서
(**스스로** / **강제로**) 일어난 사람들이에요.

2 의병은 어떤 방법으로 일본군과 맞서 싸웠는지 써 보세요. ···🗨수행평가대비

- -

3 의병장 곽재우는 무엇으로 불렸고, 어떤 활약을 했는지 써 보세요. ···🗨수행평가대비

- -

- -

4 전국에서 활약한 의병장의 이름을 모두 찾아 ◯ 하세요.

조헌	고경명	정문부
이순신	김시민	김천일

5 의병에 대한 설명으로 옳지 <u>않은</u> 것을 고르세요. (   )

① 의병은 나라를 구하려는 마음으로 전국 각지에서 스스로 일어났어요.
② 의병의 신분은 양반에서 천민까지 다양했어요.
③ 의병은 자신이 살고 있는 마을의 지리를 이용해 일본군을 공격했어요.
④ 의병은 일본군에게 큰 위협이 되지 못했어요.

전국 각지에서 의병이 일어나 일본군과 맞서 싸웠어요.
의병의 활약으로 일본군은 큰 어려움에 빠졌어요.

7년에 걸친 전쟁이 막을 내리다

조선 수군과 의병의 활약으로 조선은 점차 힘을 되찾게 되었어요. 때마침 일본군이 주춤하는 사이, 명나라에서 군사를 보내 주었어요. 이여송이 이끄는 명나라군은 조선군과 힘을 합쳐 일본군에게 빼앗겼던 평양성을 되찾았어요.

상황이 불리해진 일본은 명나라에게 강화 회담을 하자고 했어요. 전쟁은 멈추었고, 회담은 3년 동안 계속되었어요. 하지만 일본과 명나라의 의견이 서로 맞지 않아 회담은 실패로 돌아갔어요.

1597년, 일본이 다시 조선을 공격해 왔어요. 그러나 조선군은 이전과 달랐어요. 회담이 진행되는 동안 군사들을 훈련시키고 무기도 새로 갖춘 조선군은 호락호락하지 않았어요.

그런데 바다에서 뜻밖의 소식이 들려왔어요. 이순신 대신 원균이 이끄는 조선 수군이 일본군에게 크게 졌다는 것이었어요. 이 무렵 이순신은 모함을 받아 관직에서 물러나 있었어요. 선조는 다시 이순신에게 조선 수군을 지휘하게 했어요. 이순신은 명량에서 13척의 배로 무려 130여 척의 일본군 배와 맞서 싸워 큰 승리를 거두었어요. 이를 '명량 대첩'이라고 해요.

육지와 바다에서 밀린 일본군은 사기가 크게 떨어지고 말았어요. 게다가 전쟁을 일으켰던 도요토미 히데요시까지 세상을 떠나자 일본군은 조선에서 물러나기 시작했어요. 이순신은 노량 앞바다에서 도망가는 일본군을 공격했어요. 안타깝게도 이 전투에서 이순신은 일본군이 쏜 총탄에 맞아 목숨을 잃고 말았어요.

명장 이순신을 잃은 노량 해전을 끝으로, 마침내 7년에 걸친 일본과의 전쟁이 끝났어요.

강화 회담 싸우던 두 편이 싸움을 그치고 어떻게 평화를 이룰지 논의하는 일.
명량 전라남도 진도와 해남 사이에 있는 좁은 해협. 물살이 빠르고 바닷물이 우는 것 같은 소리가 나서 울돌목이라고도 함.
노량 경상남도 남해와 하동 사이에 있는 나루터.

1 조선을 돕기 위해 군사를 보낸 나라를 고르세요. (　　　　)

① 거란　　　　　② 여진　　　　　③ 명나라　　　　　④ 원나라

2 일본과 명나라의 강화 회담이 진행되는 3년 동안 조선은 무엇을 했는지 써 보세요.

3 임진왜란 중에 일이 일어난 순서대로 번호를 쓰세요.

- 강화 회담이 실패하자 일본은 다시 조선을 공격했어요. ----------------- (　　　)
- 명나라에서 군사를 보내 주어 평양성을 되찾았어요. ----------------- (　　　)
- 일본과 명나라의 강화 회담은 3년 동안 계속되었어요. ----------------- (　　　)
- 도요토미 히데요시가 세상을 떠나자 일본군은 물러나기 시작했어요. ----------------- (　　　)
- 노량 해전을 끝으로 임진왜란이 끝났어요. ----------------- (　　　)

4 이순신이 다시 수군을 지휘하게 된 이유는 무엇인지 써 보세요.

5 글을 읽고, 관계있는 전투를 보기 에서 찾아 쓰세요.

보기

사천　노량
옥포　명량

- 이순신이 13척의 배로 130여 척의 일본군 배와 맞서 싸워 큰 승리를 거두었어요. 　　　　대첩

- 일본과의 마지막 전투로 이순신이 목숨을 잃었어요. 　　　　해전

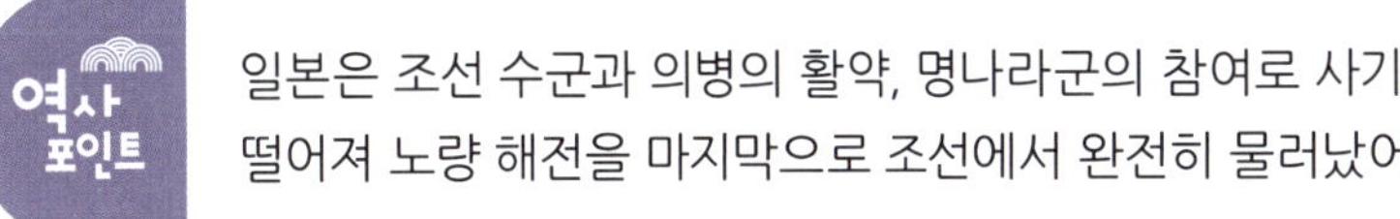

역사 포인트
일본은 조선 수군과 의병의 활약, 명나라군의 참여로 사기가 떨어져 노량 해전을 마지막으로 조선에서 완전히 물러났어요.

전쟁의 영향

1598년, 드디어 일본과의 전쟁이 끝났어요. 하지만 오랜 전쟁은 조선뿐 아니라 명나라와 일본에도 큰 영향을 주었어요.

나라 곳곳이 전쟁터였던 조선은 가장 큰 피해를 입었어요. 농사가 중요한 조선인데, 농사지을 땅이 황폐해져 먹을 것이 부족했어요. 오랜 전쟁을 치르는 동안 많은 사람이 죽거나 다쳤고, 일본에 끌려가기도 해 인구도 크게 줄었어요. 또 전쟁 중에 많은 노비가 도망치거나 노비 문서가 불태워져 조선을 이끌어 온 신분 제도가 흔들리게 되었어요.

뿐만 아니라 전쟁 중에 일어난 불로 궁궐과 종묘, 불국사 등 수많은 문화재가 불에 탔고, 도자기, 서적, 그림 등 귀중한 물건들을 일본에 빼앗겼어요.

조선을 돕기 위해 군사를 보냈던 명나라는 전쟁 뒤 나라 살림이 어려워졌어요. 먹고 살기 힘들어진 농민들이 반란을 자주 일으켜 큰 혼란에 빠졌어요. 더구나 누르하치가 만주에 세운 후금의 공격까지 받았어요. 1644년, 결국 명나라는 멸망하고 말았어요.

조선과 명나라에 많은 피해를 준 일본은 조선에서 끌고 간 기술자와 빼앗아 간 서적, 문화재로 문화가 크게 발전했어요. 특히 도자기를 만드는 조선의 도공들은 일본의 도자기를 크게 발전시켰어요.

도요토미 히데요시가 죽은 뒤 도쿠가와 이에야스가 정권을 잡고, 에도 시대를 열었어요.

류성룡이 임진왜란의 과정을 기록한 책 『징비록』

황폐 거칠어져 못 쓰게 됨.
에도 시대 에도 막부가 다스린 1603년부터 1867년까지의 시기. 경제와 문화 발전을 이룸.

1 임진왜란의 영향을 받은 나라를 모두 고르세요. (　　 ,　　 ,　　)

① 거란　　　　　② 일본　　　　　③ 명나라　　　　　④ 원나라　　　　　⑤ 조선

2 임진왜란으로 조선이 입은 피해를 두 가지 써 보세요. 

____

____

3 글을 읽으면서 괄호에 들어갈 알맞은 말을 쓰세요.

전쟁 중에 많은 노비가 도망치거나, 노비 문서가 불태워져 (　　　　　　　)가 흔들리게 되었어요.

4 임진왜란이 끝난 뒤 일본에 일어난 일을 고르세요. (　　　　)

① 전쟁으로 땅이 황폐해졌어요.

② 수많은 문화재가 불에 탔어요.

③ 조선에서 끌고 온 도공들이 일본의 도자기를 크게 발전시켰어요.

④ 농민들이 반란을 자주 일으켰어요.

5 글을 읽고, 어느 나라에서 일어난 일인지 쓰세요.

임진왜란이 끝난 뒤 나라 살림이 어려워졌고, 농민들이 반란을 자주 일으켰어요. 결국 1644년에 멸망하고 말았어요.　　　　[　　] 나라

역사 포인트

조선은 임진왜란으로 땅이 황폐해졌고, 인구가 크게 줄었어요.
또 수많은 문화재가 불에 탔고, 귀중한 물건들을 일본에 빼앗겼어요.

조선 최고의 전투선 **거북선**

이순신이 이끈 조선 수군은 일본군과의 전투에서 모두 승리했어요.

이순신의 훌륭한 전술과 함께 거북선이라는 뛰어난 배가 있었기 때문이에요.

거북선은 조선 수군의 배였던 판옥선에 거북 등딱지 모양의 덮개를 덮어 만든 배예요.

거북선은 속도가 빠르고 튼튼하며 강력한 화포를 지니고 있었어요. 그래서 빠르게

화포를 쏘며 앞으로 나아가 적의 배들을 우왕좌왕하게 만들었어요.

거북선은 조선 최고의 전투선이었어요.

덮개
칼이나 송곳을 박아 적이 기어오르지
못하게 했어요.

돛
두 개의 돛이 있었는데, 항해할 때는
펴고 싸울 때는 접었어요.

용머리
입에 화포를 달아 쏘았어요.

노
각각 8개씩, 양쪽에 16개의 노가 있어요.
다섯 명이 하나의 노를 저었어요.

구멍
화포를 놓고 적을 향해 쏘았어요.

부분을 찾아라!

글을 읽고, 거북선의 부분만 모두 찾아 ◯ 하세요.

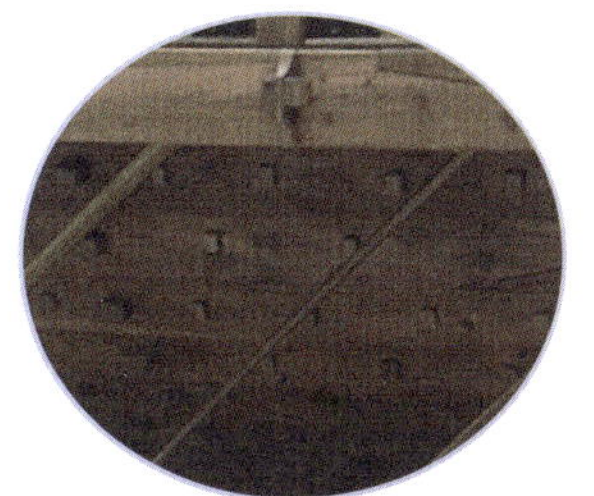

양쪽에 16개의
노가 있어요.

창문에 아름다운
무늬가 있어요.

구멍에 화포를 놓고
쏘았어요.

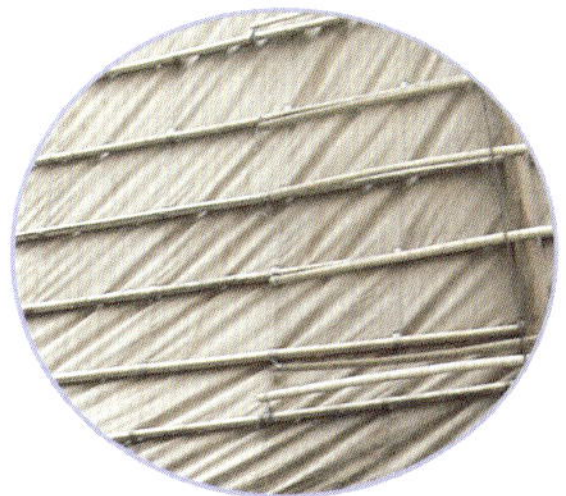

두 개의 돛이 있어요.

돌을 쌓아 만들었어요.

시각에 맞춰 인형이
움직였어요.

용머리의 입에 화포를
달아 쏘았어요.

덮개에 칼이나 송곳을
박아 두었어요.

상상 속 동물인 해치를
머리에 달았어요.

괄호에 들어갈 알맞은 말을 보기 에서 찾아 쓰면서 '임진왜란'에 대해 정리해 보세요.

① 선조와 신하들이 압록강 근처 (　　　　)까지 피란을 갔다.

② 1592년 4월, 일본을 통일한 (　　　　　　)가 명나라로 가는 길을 내어 달라며 조선에 쳐들어왔다.

조선은 오랫동안 평화로워 전쟁에 대한 대비가 전혀 없었다.

이순신 장군이 임진왜란 때 쓴 일기이다.

③ 1592년 1월부터 1598년 11월까지 날마다 적은 기록으로 후대 사람들이 (　　　　)라고 이름을 붙였다.

④ 1592년 7월 8일, 이순신은 한산도 앞바다에서 (　　　　) 전법으로 일본군에게 큰 승리를 거두었다.

일본군과 맞서 싸우기 위해 전국에서 의병이 일어났다.

의병의 활약으로 일본군은 제대로 식량을 전달받지 못하는 등 어려움에 빠졌다.

의병의 신분은 양반에서 천민까지 다양했다.

⑤ (　　　　)이라 불린 곽재우는 경상도 의령에서 의병장이 되었다.

난중일기

이순신

한산도 대첩

전개

의병 활약

임진왜란

많은 사람이 죽거나 다쳤고, 일본에 끌려가기도 해 인구가 크게 줄었다.

⑧ 궁궐과 종묘, 불국사 등 수많은 ( )가 불에 탔고, 도자기, 서적, 그림 등을 일본에 빼앗겼다.

조선

⑨ 많은 노비가 도망치거나 노비 문서가 불태워져 ( )가 흔들리게 되었다.

결과

일본

조선에서 끌고 간 기술자와 빼앗아 간 서적, 문화재로 문화가 크게 발전했다.

도쿠가와 이에야스가 정권을 잡고, 에도 시대를 열었다.

명나라

농민들의 반란으로 큰 혼란에 빠져 1644년에 멸망했다.

극복

⑥ 일본과 명나라가 3년 동안 ( )을 했다.

강화 회담이 실패하자, 1597년 일본이 다시 조선을 공격했다.

이순신은 명량에서 13척의 배로 130여 척의 일본군 배와 맞서 싸워 큰 승리를 거두었다.

⑦ 1598년, ( ) 해전을 끝으로 전쟁이 끝났다.

보기 난중일기 도요토미 히데요시 신분 제도 홍의 장군 문화재 의주 학익진 강화 회담 노량

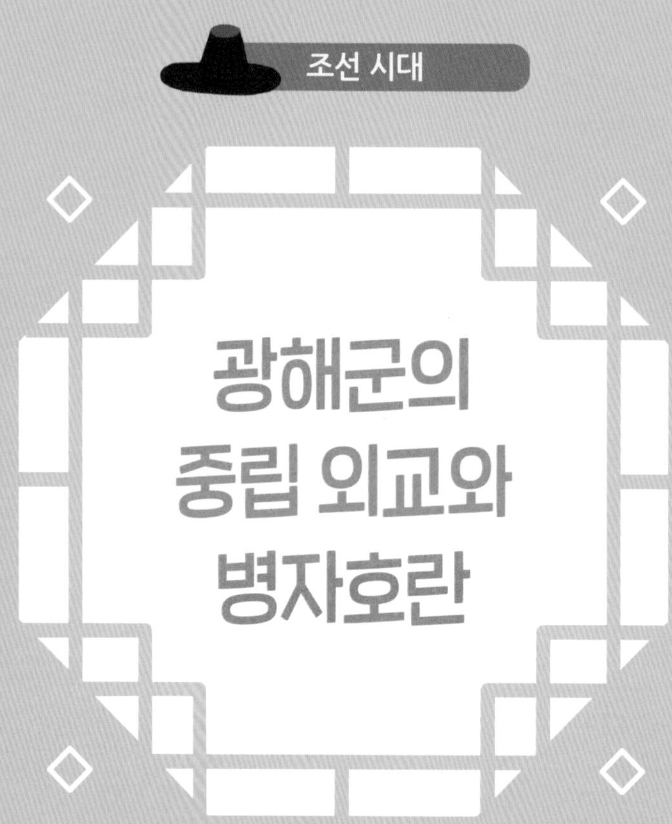

광해군의 중립 외교와 병자호란

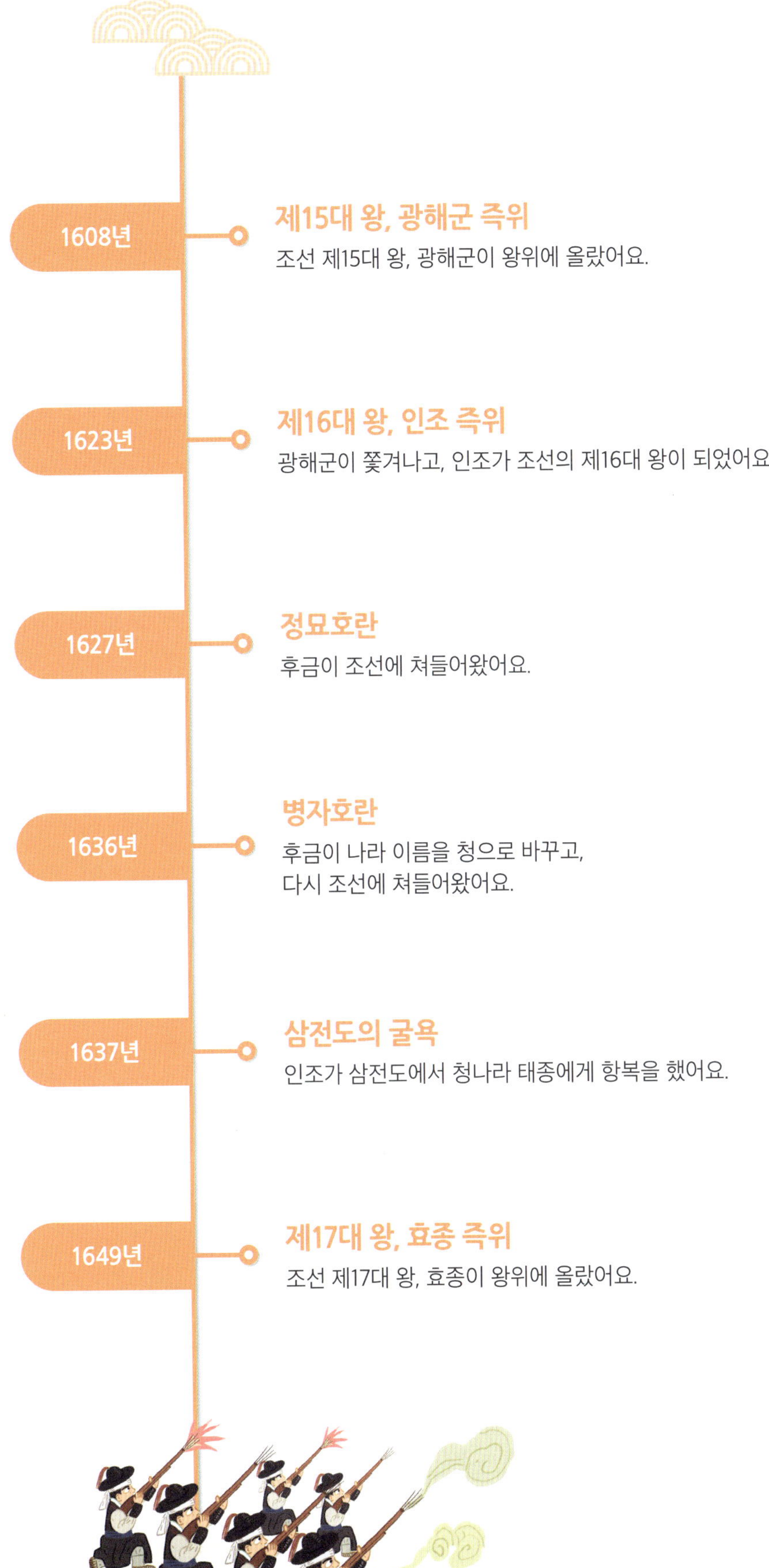

1608년

제15대 왕, 광해군 즉위
조선 제15대 왕, 광해군이 왕위에 올랐어요.

1623년

제16대 왕, 인조 즉위
광해군이 쫓겨나고, 인조가 조선의 제16대 왕이 되었어요.

1627년

정묘호란
후금이 조선에 쳐들어왔어요.

1636년

병자호란
후금이 나라 이름을 청으로 바꾸고,
다시 조선에 쳐들어왔어요.

1637년

삼전도의 굴욕
인조가 삼전도에서 청나라 태종에게 항복을 했어요.

1649년

제17대 왕, 효종 즉위
조선 제17대 왕, 효종이 왕위에 올랐어요.

27 광해군의 선택은 어떤 결과를 불러왔을까?

선조의 뒤를 이어 왕위에 오른 광해군은 고민에 빠졌어요. 여진족이 세운 후금의 공격을 받은 명나라가 조선에 군사를 요청했기 때문이에요.

"참으로 곤란하다. 임진왜란 때 군사를 보내 준 명나라를 모른 척할 수도 없고, 그렇다고 나날이 세력이 커지는 후금과 적이 될 수도 없으니 이를 어찌해야 한단 말인가?"

고민 끝에 광해군은 명나라와 후금 사이에서 어느 편도 들지 않는 중립 외교 정책을 펼치기로 마음먹었어요.

광해군은 우선 명나라에 군사를 보냈어요. 하지만 조선의 총사령관 강홍립에게 싸우는 척하다가 불리해지면 후금에 항복하라고 지시했어요. 싸움에 나간 강홍립은 광해군이 시킨 대로 후금에 항복한 뒤, 후금과 적이 되고 싶지 않다는 광해군의 뜻을 알렸어요.

후금은 조선과 잘 지내기 위해 조선에 쳐들어오지 않았어요. 광해군의 중립 외교 정책으로 조선은 전쟁에 휘말리지 않았어요.

그러나 명나라를 섬기고 의리를 중요하게 여긴 신하들은 후금과 친하게 지내려는 광해군을 못마땅하게 생각했어요. 결국 광해군은 명나라를 섬기는 신하들이 일으킨 인조반정으로 왕의 자리에서 쫓겨나고 말았어요.

경기도 남양주시에 있는 광해군과 부인의 묘

역사
용어

강홍립 조선의 무신으로 후금에게 항복한 뒤 광해군의 뜻을 전함.
반정 옳지 못한 왕을 몰아내고 새 왕을 세우는 일.

1 글을 읽으면서 알맞은 말에 ◯ 하세요.

여진족이 세운 (**후금** / **거란**)의 공격을 받은 (**원나라** / **명나라**)가
(**조선** / **일본**)에 군사를 요청했어요.

2 광해군이 명나라의 군사 요청을 고민한 이유는 무엇인지 써 보세요. 

3 광해군이 명나라와 후금 사이에서 펼친 외교 정책이 무엇인지 빈칸에 쓰세요.

어느 나라 편도 들지 않는   외교 정책

4 군사를 보내라는 명나라의 요구에 광해군은 어떻게 했는지 써 보세요. 

5 광해군의 중립 외교 정책으로 일어난 일이 <u>아닌</u> 것을 고르세요. (   )

① 조선은 전쟁에 휘말리지 않았어요.
② 명나라를 섬기는 신하들은 광해군의 중립 외교를 반대했어요.
③ 명나라보다 후금과 더 친하게 지내게 되었어요.
④ 광해군이 명나라를 섬기는 신하들에 의해 왕의 자리에서 쫓겨났어요.

광해군은 명나라와 후금 중 어느 편도 들지 않는 중립 외교
정책을 펼쳤지만, 명나라를 섬기는 신하들은 반대했어요.

28

청나라가 일으킨 병자호란

광해군을 쫓아내고 왕이 된 인조는 명나라를 가까이하고 후금을 멀리하는 외교 정책을 폈어요.

1627년, 이에 불만이 생긴 후금은 광해군의 복수를 하겠다는 핑계를 대며 조선에 쳐들어왔어요. 이 전쟁을 '정묘호란'이라고 해요. 순식간에 황해도까지 쳐들어온 후금의 기세에 놀란 인조는 강화도로 피란을 가긴 했지만 후금에 맞서 열심히 싸웠어요.

명나라와의 전쟁을 앞두고 있던 후금은 생각보다 전쟁이 길어지자 조선에 화해를 요청했어요. 조선과 후금이 형제의 나라로 지내기로 약속하고 전쟁을 끝냈지요. 하지만 조선은 여전히 명나라와 관계를 유지하면서 후금과는 가까이 지내지 않았어요.

1636년, 후금은 나라 이름을 청으로 바꾸고, 조선에게 신하의 나라가 될 것을 요구했어요.

"조선은 오랑캐 나라의 신하가 될 수 없다. 오직 명만 섬길 것이다."

조선은 무리한 요구라며 거절했어요. 그러자 청나라의 태종이 직접 군사를 이끌고 조선에 쳐들어왔어요. '병자호란'이 일어난 것이에요.

청나라는 빠르게 한양을 향해 밀고 내려왔어요. 인조는 봉림 대군과 왕실 가족을 먼저 강화도로 피란 보내고 자신도 떠나려고 했어요. 하지만 청나라 군사들에게 길이 막혀 경기도 광주에 있는 남한산성으로 들어갔어요.

그러나 이틀 뒤, 남한산성은 청나라 군사들에게 둘러싸이고 말았어요.

남한산성의 남문인 지화문

역사
용어

인조 조선의 제16대 왕. 선조의 손자로, 광해군을 쫓아내고 왕이 됨.
봉림 대군 인조의 둘째 아들로, 소현 세자가 죽은 뒤 조선의 제17대 왕인 효종이 됨.
남한산성 조선의 도읍 한양을 지키기 위해 쌓은 산성으로, 지금의 경기도 광주시에 있음.

1 인조는 어떤 외교 정책을 폈는지 빈칸에 들어갈 알맞은 말을 쓰세요.

　　　　　　　를 가까이하고 　　　　　　　을 멀리하는 외교 정책을 폈어요.

2 글을 읽고, 무엇에 대한 설명인지 쓰세요.

- 1627년, 후금이 조선에 쳐들어온 전쟁

- 1636년, 후금이 나라 이름을 청으로 바꾸고 조선에 쳐들어온 전쟁

3 청나라는 병자호란을 일으키기 전 조선에 무엇을 요구했는지 써 보세요.

4 청나라의 요구에 조선은 어떻게 대답했는지 써 보세요.

5 병자호란의 과정에 맞게 순서대로 번호를 쓰세요.

- 청나라 태종이 직접 군사를 이끌고 조선에 쳐들어왔어요. --------------- (　　　)
- 봉림 대군과 왕실 가족은 강화도로 몸을 피했어요. ------------------ (　　　)
- 남한산성이 청나라 군사에게 둘러싸였어요. --------------------- (　　　)
- 청나라군을 피해 인조는 남한산성으로 들어갔어요. ----------------- (　　　)

> **역사 포인트**　조선이 명나라와 관계를 유지하며 후금을 멀리하자 후금이 나라 이름을 청으로 바꾸고, 조선을 침략해 병자호란을 일으켰어요.

29

삼전도의 굴욕

남한산성을 둘러싼 청나라군은 인조에게 항복할 것을 요구했어요. 남한산성 안에서는 조선의 신하들이 두 편으로 나뉘어져 옥신각신했어요.

"싸우다 이곳에서 죽을지언정 오랑캐에게 항복할 수는 없습니다."

"청나라는 이미 막강해졌습니다. 그런 청나라와 싸우는 것은 어리석은 짓입니다. 청나라에 항복해 백성과 나라를 지켜야 합니다."

시간이 지날수록 성 안의 식량은 거의 바닥이 났고, 병사들은 굶주림과 추위에 지쳐 갔어요. 게다가 강화도에 있던 왕실 가족마저 청나라군에게 붙잡혔다는 소식이 들려왔어요. 결국 인조는 항복하기로 결심했어요.

1637년 1월 30일, 차가운 겨울바람을 맞으며 남한산성에서 나온 인조가 삼전도에 도착했어요. 청나라 태종이 높은 단상 위에 앉아 인조를 내려다보았어요. 인조는 태종 앞으로 나아가 세 번 절하고 아홉 번 머리를 조아렸어요. 정말 굴욕적인 항복이었어요. 병자호란은 이렇게 끝이 났어요.

그 뒤 조선은 청나라와 신하와 임금의 관계를 맺고, 명나라와는 관계를 끊었어요. 소현 세자와 봉림 대군을 비롯한 많은 사람이 청나라에 끌려갔고, 해마다 청나라에 많은 조공을 바쳐야 했어요.

인조가 청나라에 항복한
내용을 기록한 삼전도비

삼전도 조선 시대에 서울과 남한산성을 이어 주던 나루.
굴욕 남에게 업신여김을 받음.

1 청나라의 항복 요구에 두 편으로 나뉘어진 신하들의 의견을 각각 써 보세요. ···수행평가 대비

- -

- -

2 인조가 청나라에 항복하기로 결심한 이유를 모두 고르세요. (,   ,   )

① 식량 부족   ② 심한 가뭄

③ 청나라군에게 붙잡힌 왕실 가족   ④ 굶주림과 추위

3 글을 읽으면서 빈칸에 들어갈 알맞은 말을 쓰세요.

　에 도착한 인조가 청나라 태종 앞으로 나아가 　 번 절하고

　번 머리를 조아리며 항복했어요.

4 병자호란이 끝난 뒤 청나라로 끌려간 두 사람의 이름을 쓰세요.

(   ), (   )

5 병자호란이 끝난 뒤 일어난 일이 <u>아닌</u> 것을 고르세요. (   )

① 조선은 청나라와 신하와 임금의 관계를 맺었어요.

② 조선은 명나라와 더욱 가깝게 지냈어요.

③ 소현 세자, 봉림 대군을 비롯한 많은 사람이 청나라에 끌려갔어요.

④ 해마다 청나라에 조공을 바쳤어요.

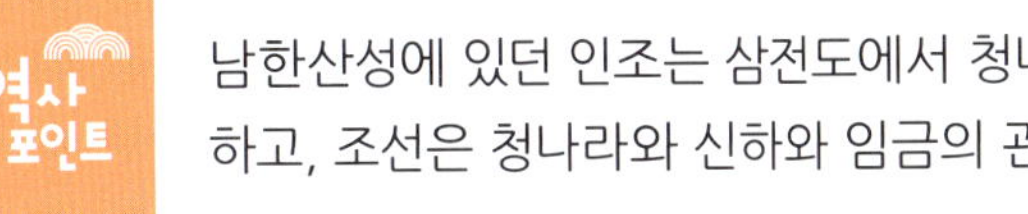

30

북벌을 준비했던 효종

오랫동안 청나라에 인질로 잡혀 있던 봉림 대군이 조선으로 돌아왔어요. 1649년, 인조의 뒤를 이어 봉림 대군이 왕위에 올랐어요. 바로 조선의 제17대 왕 효종이에요.

효종은 청에 있는 동안에도 청의 관리와 교류하지 않고 청에 대한 복수를 늘 생각했어요. 굴욕적인 항복과 인질로 잡혀갔던 일을 떠올리며 청나라를 치려는 북벌을 준비한 것이지요.

'병자호란 때 당한 굴욕을 한순간도 잊지 않았어! 군사력을 키워 저 오랑캐 놈들을 모조리 쓸어버리겠다!'

효종은 군사를 늘리고, 군사들을 훈련시키는 데 힘을 쏟았어요. 또 조총을 열심히 연구해 성능을 더 좋게 만들었어요.

어느 날, 청나라가 러시아와 전투를 벌이면서 조선에 군사를 보내라고 요청했어요. 아직은 청나라를 칠 때가 아니라고 생각한 효종은 어쩔 수 없이 군사를 보내 주었어요.

개량한 조총으로 무장한 조선 군사들은 눈부신 활약을 펼쳤어요. 이 일로 효종은 북벌에 대한 자신감을 갖게 되었어요.

하지만 안타깝게도 북벌은 쉽게 실행되지 못했어요. 군사력을 키우는 데 온 힘을 쏟다 보니 나라 살림이 심하게 어려워졌기 때문이에요. 백성들은 전쟁으로 황폐해진 땅에서 먹고 살 길이 없어 떠돌아다니거나 도적이 되었어요.

결국 효종은 애타게 바라던 북벌을 실행하지 못하고, 1659년에 세상을 떠나고 말았어요.

인질 약속을 지키게 하기 위해 잡아 두던 사람.
실행 행동으로 옮기는 일.

1 효종이 준비한 북벌이 무엇인지 쓰고, 북벌을 결심한 이유도 써 보세요. **수행평가 대비**

북벌:

결심한 이유:

2 효종은 왕이 되기 전에 무엇으로 불렸는지 찾아 ◯ 하세요.

| 소현 세자 | 충녕 대군 | 봉림 대군 | 사도 세자 |

3 효종이 북벌을 위해 한 일이 <u>아닌</u> 것을 고르세요. (   )

① 군사를 늘렸어요.
② 군사들을 훈련시켰어요.
③ 군사를 보내라는 청나라의 요청을 거절했어요.
④ 조총을 연구해 성능을 더 좋게 만들었어요.

4 효종이 북벌에 대한 자신감을 갖게 된 이유는 무엇인지 써 보세요.

5 효종이 북벌을 실행하지 못한 가장 큰 이유를 써 보세요. **수행평가 대비**

효종은 청나라를 치려는 북벌을 준비했지만 나라 살림이 어려워져 결국 북벌을 실행하지 못하고 세상을 떠났어요.

병자호란을 겪은 **남한산성**

경기도 광주시에 있는 남한산성은 원래 한양의 동쪽을 지키기 위해 쌓은 산성이에요.
병자호란 때 인조가 청나라군을 피해 머물렀지요. 남한산성은 역사적인 가치를
인정받아 2014년에 유네스코 세계 문화유산으로 등재되었어요.

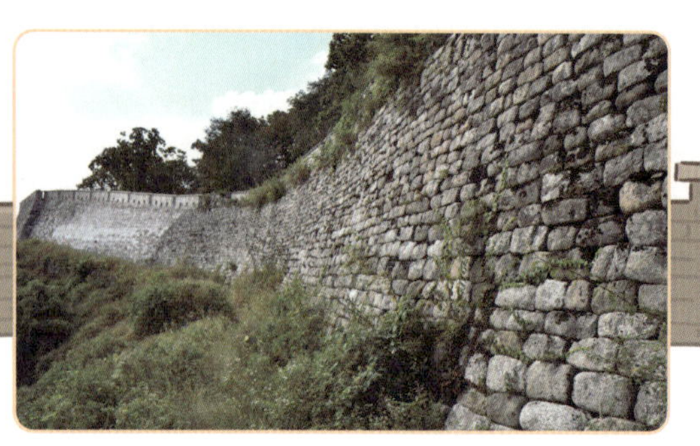

가파른 성벽
남한산성은 여러 봉우리를 연결해 성벽을
쌓았어요. 성벽의 바깥쪽은 경사가 가팔라서
적이 접근하기 어려웠어요.

남한산성을 지키는 수어장대
장대는 적을 감시하고 군사를 지휘하던
곳이에요. 원래 남한산성에는 4개의
장대가 있었는데, 지금은 수어장대 하나만
남아 있어요.

남한산성 지화문
남한산성의 남문으로, 가장 크고 웅장해요.
남한산성에는 동서남북에 각각 문이 있어요.

남한산성 행궁
행궁은 왕이 임시로 머무르는 궁으로,
병자호란 때에 인조가 이곳에서 지냈어요.

○✕ 퀴즈를 풀어라!

남한산성에 관한 글을 읽고, ○✕로 답하세요.

1 인조는 병자호란 때 청나라군을 피해 남한산성에서 머물렀어요.

2 남한산성은 유네스코 세계 문화유산에 등재되었어요. ------

3 남한산성의 수어장대는 적을 향해 대포를 쏘던 곳이에요. ---
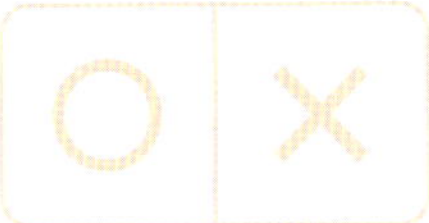

4 남한산성의 남문은 수어문으로, 가장 커요. -------------
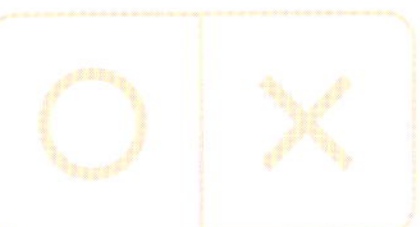

5 남한산성 성벽은 경사가 가팔라서 적의 접근이 어려웠어요.

괄호에 들어갈 알맞은 말을 보기 에서 찾아 쓰면서 '광해군의 중립 외교'와 '병자호란', '효종의 북벌 정책'에 대해 정리해 보세요.

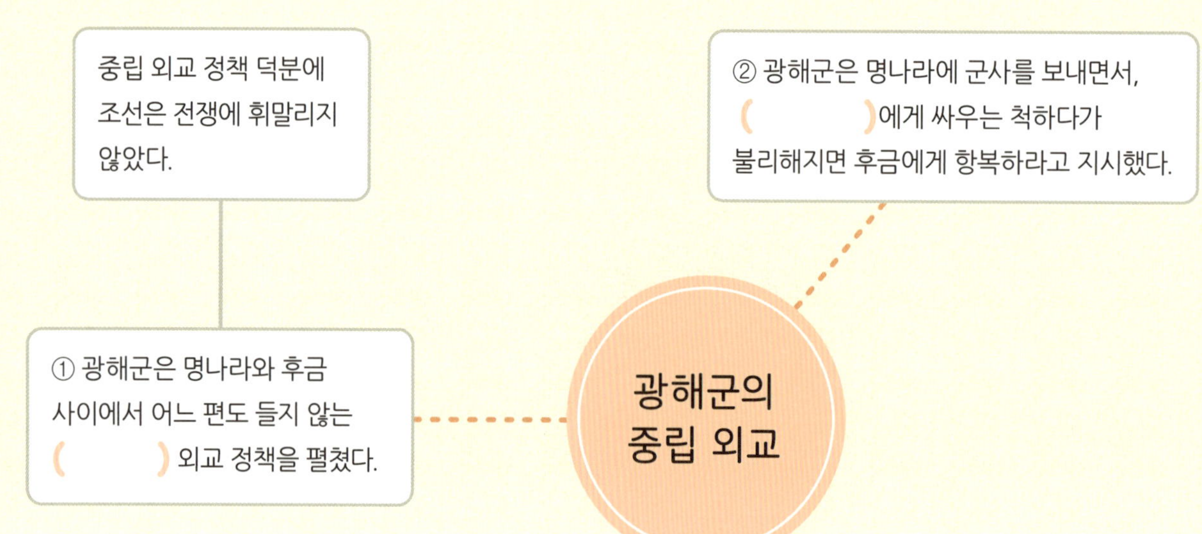

후금과 형제의 나라로 지내기로 약속하고 전쟁을 끝냈다.

③ 1627년, 후금이 조선에 쳐들어와 (   )이 일어났다.

전개

④ 1636년, 청나라의 태종이 직접 군사를 이끌고 조선에 쳐들어와 (   )이 일어났다.

후금은 나라 이름을 청으로 바꾸고, 조선에게 신하의 나라가 될 것을 요구했다.

⑤ 인조는 청나라 군사들을 피해 (   )으로 들어갔다.

⑧ 제17대 왕 효종은 굴욕적인 항복과 인질로 잡혀갔던 일을 떠올리며 청나라를 치려는 (　　　)을 준비했다.

군사를 늘리고, 군사들을 훈련시켰으며, 조총도 연구해 성능을 더 좋게 만들었다.

효종의 북벌 정책

군사력을 키우는 데 온 힘을 쏟다 보니, 나라 살림이 어려워져 북벌을 실행하지 못했다.

병자호란

소현 세자와 봉림 대군을 비롯한 많은 사람이 청나라에 끌려갔다.

결과

해마다 청나라에 조공을 바쳤다.

⑦ 조선은 청나라와 (　　　)와 임금의 관계를 맺었고, 명나라와 관계를 끊었다.

항복

⑥ 1637년 1월 30일, 인조가 (　　　)에서 청나라 태종 앞으로 나아가 세 번 절하고 아홉 번 머리를 조아리며 항복했다.

보기 　중립　정묘호란　남한산성　병자호란　북벌　삼전도　신하　강홍립

MEMO

MEMO

마인드맵으로 정리하는
한국사 독해 ③

정답

1 9쪽

1. 온건파: 고려 왕조를 계속 이어 가면서 잘못된 제도를 고쳐 나가자. / 급진파: 고려를 무너뜨리고, 이성계를 왕으로 새 나라를 세우자.   2. 「하여가」-고려의 신하든 새 나라의 신하든 관계없다. / 「단심가」-고려 왕조에 대한 충성심을 굽히지 않겠다.   3. 이방원, 선죽교   4. 3, 4, 1, 2 5. 조선, 이성계

2 11쪽

1. ③   2. ②, ③   3. 하륜은 계룡산이 조선의 남쪽에 치우쳐 있고, 풍수지리적으로도 도읍에 어울리지 않는다고 생각했어요.   4. 나라의 중심에 위치하고 있어요. 북악산과 남산에 둘러싸여 있어 적의 공격을 막기에 좋아요. 한강이 흘러 교통이 편리해요. 주변에 넓은 평야가 있어요.   5. 개경, 한양

3 13쪽

1. 유교 정신이 담긴 도시로 만들고자 했어요.   2. 종묘 / 사직단   3. ③   4. 강녕전, 사정전, 근정전   5. 동쪽: 흥인지문 / 서쪽: 돈의문 / 남쪽: 숭례문 / 북쪽: 숙정문

4 15쪽

1. 방석   2. 방원은 조선을 세우는 것에 반대한 정몽주를 죽이고, 공양왕을 물러나게 하는 등 많은 공을 세웠기 때문에 자신이 왕이 되어야 한다고 생각했어요.   3. ②
4. ① 이성계, ② 방과 (또는 이방과), ③ 방원 (또는 이방원)   5. 형제들을 죽인 자신에 대한 세상의 시선이 곱지 않은 것을 알고 있었기 때문이에요.

역사 퀴즈 17쪽

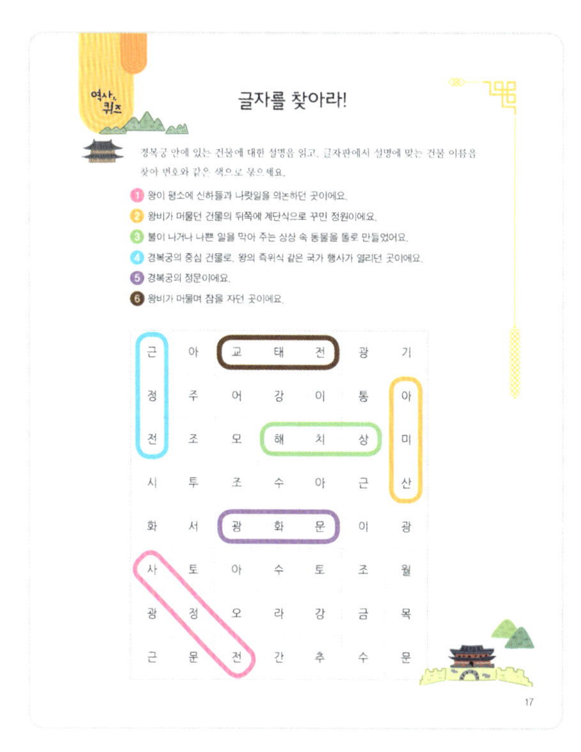

역사 마인드맵 (한눈에 보는) 18~19쪽

① 고려 ② 조선 ③ 방석 ④ 방원 ⑤ 세자 ⑥ 한양
⑦ 종묘 ⑧ 정도전

5 23쪽

1. ④ 2. 왕의 힘이 강해야 나라를 잘 다스릴 수 있다고 생각했기 때문이에요. 3. 호패 4. 평안도, 함길도, 강원도, 전라도, 황해도, 경기도, 충청도, 경상도 5. 왕의 뜻이 지방까지 전달되어 왕이 직접 지방을 다스리는 것과 같은 효과를 얻을 수 있었어요.

6 25쪽

1. 불교, 유교 2. 왕과 신하가 높은 도덕을 갖추고, 함께 나라를 다스려야 평화로울 수 있다는 것이에요.
3. ①, ③ 4. 삼강오륜 5. 백성들이 유교의 가르침인 충성과 효도 등을 잘 실천할 수 있게 하기 위해서였어요.

7 27쪽

1. 유교 2. 상례 / 혼례 / 관례 / 제례 3. 남자아이: 15세가 넘으면 좋은 날을 받아, 머리를 빗어 올려서 상투를 틀고 갓을 썼어요. / 여자아이: 길게 길러 땋은 머리를 풀고 쪽 찌어 올린 다음, 비녀를 꽂았어요. 4. 3년 동안 상복을 입고 부모의 산소를 지키는 시묘살이를 했어요.
5. 차례

8 29쪽

1. ④ 2. 관리, 유교 경전 3. 천민, 상민(평민), 중인, 양반 4. 평민이라고도 불리는 일반 백성으로, 대부분 농사를 짓는 농민이었어요. 나라에 세금을 내고 군대에 갔어요. 5. 천민 / 양반 / 중인

9 31쪽

1. 사랑채, 안채 2. 노리개 3. 망건, 갓 / 비녀 4. 무늬가 없는 삼베옷이나 무명옷을 입고, 짚신을 신었어요.
5. ① ◯, ② ◯, ③ ✕, ④ ✕

역사퀴즈 33쪽

한눈에 보는 역사 마인드맵 34~35쪽

① 호패 ② 관찰사 ③ 유교 ④ 삼강오륜 ⑤ 신분
⑥ 관리 ⑦ 세금 ⑧ 노비

39쪽

1. 충녕 / 네 번째   2. 집현전 학사들이 경험 많은 농부들에게 농사법을 물어 만든 책으로, 우리나라 사정에 맞는 농사법이 자세히 기록되어 있어요.   3. 측우기 / 간의, 혼천의   4. 날씨와 계절을 미리 알면 농사짓는 데 큰 도움이 된다고 생각했기 때문이에요.   5. ④

41쪽

1. 집현전   2. ① ○, ② ✕, ③ ✕, ④ ○   3. 경연, 유학, 외교 문서   4. 세종은 집현전 학사들을 기특하게 여기고 아꼈어요.   5. ①, ②, ④

43쪽

1. 노비   2. 혼천의, 자격루, 측우기, 앙부일구, 수표
3. 혼천의는 천체가 어떻게 움직이는지 살펴보는 기구이고, 백성들이 농사를 짓는 데 큰 도움이 되어요.   4. 항아리에 일정한 양의 물이 차오르면 쇠구슬이 떨어지면서 인형들을 움직여, 2시간마다 인형들이 종과 북, 징을 쳐 시각을 알렸어요.   5. ③

45쪽

1. ②, ③   2. 최만리 / 반대한 이유: 한자가 아닌 다른 문자를 사용하는 것은 오랑캐와 같다고 반대했어요.   3. 백성, 바른   4. 누구나 배우기 쉬워요. 거의 모든 소리를 적을 수 있어요. 혀의 위치, 입술과 목구멍의 모양, 하늘·땅·사람의 모양 등을 본떠서 만든 과학적인 글자예요.
5. ③, ④

47쪽

1. 사대교린   2. 사대: 명나라와 맺은 관계로, 강한 나라와 좋은 관계를 유지하며 발달된 문화를 받아들이는 것이에요. / 교린: 일본, 여진과 맺은 관계로, 이웃 나라와 좋은 관계로 지내면서 필요할 때는 무력을 사용하는 것이에요.   3. 왜구가 자꾸 바다를 건너 조선에 와서 재물을 빼앗고 사람을 죽이거나 집을 불태우는 등 피해를 입혔기 때문이에요.   4. 압록강 유역-최윤덕-4군 / 두만강 유역-김종서-6진   5. ① ○, ② ○, ③ ✕, ④ ✕

역사 퀴즈 49쪽

역사 마인드맵 50~51쪽

① 『농사직설』   ② 학사   ③ 백성   ④ 측우기   ⑤ 사대
⑥ 교린   ⑦ 4군   ⑧ 김종서

15 55쪽

1. 문종, 단종, 세조 2. 김종서, 황보인 3. 수양 대군이 왕위를 차지하기 위해 계유년에 반대파를 없애고 권력을 잡은 사건이에요. 4. 성삼문, 유응부, 유성원, 이개, 하위지, 박팽년 5. ②

16 57쪽

1. 경국대전 2. 세조, 성종 3. 이전, 호전, 예전, 병전, 형전, 공전 4. 아이를 낳기 전 30일, 낳은 뒤 50일, 총 80일의 출산 휴가를 주고, 그 남편에게도 부인이 아기를 낳은 뒤 15일의 휴가를 준다. 5. ①, ③

17 59쪽

1. 성균관 2. 향교 / 서당 3. 향교: 대학, 논어, 맹자 / 서당: 천자문, 명심보감, 소학 4. 다양한 나이의 학생들이 다녔어요. 주로 양반의 자식이 다녔는데, 상민의 자식도 다닐 수 있었어요. 5. ① ○, ② ×, ③ ○, ④ ×

18 61쪽

1. 문과 / 무과 / 잡과 2. 유학 경전에 대한 지식이 얼마나 뛰어난지, 글을 짓는 능력이 어떠한지를 평가했어요. 3. ①, ②, ④ 4. 합격증인 홍패와 종이꽃인 어사화를 받았어요. 5. ①, ③

19 63쪽

1. ④ 2. 한명회, 권람, 정인지, 신숙주 3. 사림 4. 훈구 세력을 누르고, 유교 정치를 펼치기 위해서 사림을 관리로 뽑았어요. 5. 높은 도덕성, 협력

20 65쪽

1. 선비들이 화를 입었다는 뜻으로, 사림 세력이 피해를 입은 것이에요. 2. 훈구 세력이 사림 세력을 공격했고, 연산군이 자신을 비판하는 사림 세력을 미워했기 때문이에요. 3. 무오사화, 갑자사화, 기묘사화, 을사사화 4. 조광조 5. ① ○, ② ×, ③ ×, ④ ○

역사퀴즈 67쪽

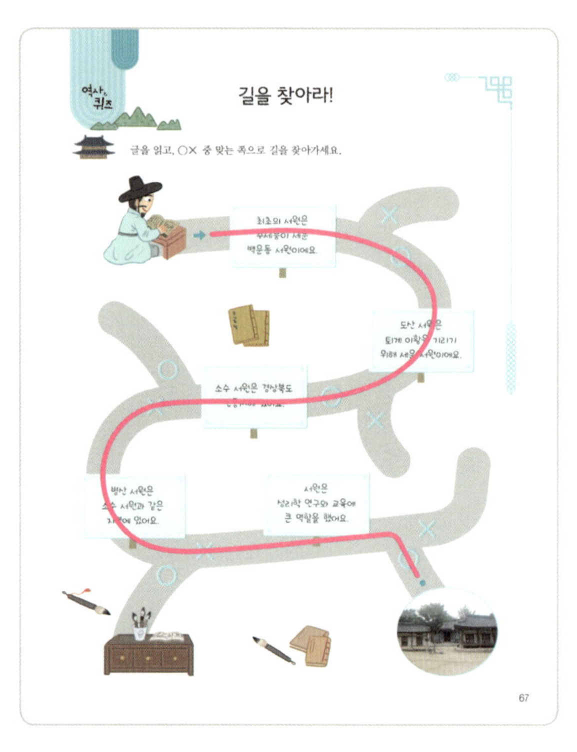

한눈에 보는 역사 마인드맵 68~69쪽

① 법전 ② 세조 ③ 성균관 ④ 서당 ⑤ 중인 ⑥ 성종 ⑦ 훈구 ⑧ 연산군

21 73쪽

1. 임진왜란 2. 오랫동안 외적의 침입이 없어 전쟁에 대한 대비가 없었어요. 군대에 가는 대신 세금을 거두어들이는 제도를 시행해 국방력이 약해진 상태였어요.
3. ② 4. 선조와 신하들이 백성들을 버리고 평양으로 피란을 떠났기 때문이에요. 5. 일본군이 가장 처음 침략한 지역-부산 / 선조가 피란을 가 명나라에 군사를 요청한 지역-의주

22 75쪽

1. 옥포 해전 2. 한산도 대첩 3. 견내량은 물길이 좁고 작은 섬이 많아 몸체가 큰 조선의 배 판옥선이 움직이기 힘들었기 때문이에요. 4. 학이 날개를 펼치는 모양으로 적의 배를 둘러싸 공격하는 전법이에요. 5. ① ○, ② ×, ③ ×, ④ ○

23 77쪽

1. ② 2. 류성룡 3. ①, ② 4. 날마다의 전쟁 상황, 개인적인 느낌, 당시의 날씨와 지형, 서민들의 실생활, 직접 지은 시, 가족에 대한 그리움과 사랑 5. 위대한 장군 이순신의 모습은 물론이고 인간 이순신을 엿볼 수 있는 소중한 자료이기 때문이에요.

24 79쪽

1. 일본군, 스스로 2. 좁은 골짜기나 산길에 숨어 있다가 갑자기 일본군을 공격했어요. 3. 홍의 장군으로 불리며, 낙동강 근처에서 일본군을 무찔렀어요. 진주에서 김시민 장군을 도와 진주성을 지켜 냈어요. 4. 조헌, 고경명, 정문부, 김천일 5. ④

25 81쪽

1. ③ 2. 군사들을 훈련시키고, 무기도 새로 갖추었어요. 3. 3, 1, 2, 4, 5 4. 이순신 대신 원균이 이끄는 조선 수군이 일본군에게 크게 졌어요. 5. 명량 / 노량

26 83쪽

1. ②, ③, ⑤ 2. 농사지을 땅이 황폐해져 먹을 것이 부족했어요. 많은 사람이 죽거나 다쳤고, 일본에 끌려가기도 해 인구가 크게 줄었어요. 노비들이 도망치거나 노비 문서가 불태워져 신분 제도가 흔들렸어요. 수많은 문화재가 불에 탔고, 귀중한 물건들을 일본에 빼앗겼어요.
3. 신분 제도 4. ③ 5. 명

역사 퀴즈 85쪽

역사 마인드맵 86~87쪽

① 의주 ② 도요토미 히데요시 ③ 난중일기 ④ 학익진
⑤ 홍의 장군 ⑥ 강화 회담 ⑦ 노량 ⑧ 문화재
⑨ 신분 제도

27 91쪽

1. 후금, 명나라, 조선   2. 임진왜란 때 군사를 보내 준 명나라를 모른 척할 수 없고, 나날이 세력이 커지는 후금과 적이 될 수도 없기 때문이에요.   3. 중립   4. 명나라에 군사를 보냈지만, 강홍립에게 싸우는 척하다가 후금에게 항복하고 적이 되고 싶지 않다는 광해군의 뜻을 전하게 했어요.   5. ③

28 93쪽

1. 명나라, 후금   2. 정묘호란 / 병자호란   3. 조선에게 신하의 나라가 될 것을 요구했어요.   4. "조선은 오랑캐 나라의 신하가 될 수 없다. 오직 명만 섬길 것이다."라고 대답했어요.   5. 1, 2, 4, 3

29 95쪽

1. 싸우다 죽을지언정 청나라에 항복할 수 없다. 청나라에 항복해 백성과 나라를 지켜야 한다.   2. ①, ③, ④
3. 삼전도, 세, 아홉   4. 소현 세자, 봉림 대군   5. ②

30 97쪽

1. 북벌: 청나라를 치는 것 / 결심한 이유: 굴욕적인 항복과 인질로 잡혀갔던 일을 떠올리며 결심했어요.
2. 봉림 대군   3. ③   4. 청나라와 러시아의 전투에 보낸 조선 군사들이 눈부신 활약을 했기 때문이에요.
5. 군사력을 키우는 데 온 힘을 쏟다 보니 나라 살림이 심하게 어려워졌기 때문이에요.

역사 퀴즈 99쪽

역사 마인드맵 100~101쪽

① 중립 ② 강홍립 ③ 정묘호란 ④ 병자호란
⑤ 남한산성 ⑥ 삼전도 ⑦ 신하 ⑧ 북벌